Axel Philippi • Aus dem Tagebuch eines Heilers

AXEL PHILIPPI

Aus dem Tagebuch eines Heilers

Aquamarin Verlag

Deutsche Originalausgabe

1. Auflage 2001

Voglherd 1 • D-85567 Grafing
Umschlaggestaltung:
Roberts & Friends Grafikdesign • Herrenberg
Druck: Ebner Ulm
ISBN 3-89427-162-0

Inhalt

Vorwort

Seit ich 1984 mit dem Geistigen Heilen begann, kamen viele Menschen zu mir, die Hilfe von mir erwarteten. Sie hatten entweder seelische oder körperliche Probleme, und sehr bald entdeckte ich, dass es einen inneren Zusammenhang gab zwischen ihnen und mir und dass es kein Zufall war, der sie zu mir geführt hatte. Meine persönliche Entwicklung spiegelte sich in ihren Nöten, d.h. es kamen nur die, deren Problembereich ich bereits in mir erlöst hatte oder gerade dabei war, zu erlösen. Oft meinte ich, in Teilen meine eigene Geschichte zu hören und war dankbar, durch den Kranken noch einmal zu einer versöhnlichen Rückschau auf den eigenen Lebensweg veranlasst zu werden.

In dieser Zeit habe ich gelernt, dass sich die Menschen – bei aller Vielfalt – doch in vielem sehr ähnlich sind. So machen wir beispielsweise auch aus den gleichen Gründen oft die gleichen Fehler, ziehen die gleichen fatalen Schlüsse und schlagen uns anschließend mit den gleichen untauglichen Mitteln herum. Das Gute an dieser Uniformität in unserem Verhalten ist, dass es möglich ist, wenn man diese Mechanismen und Automatismen seelischer und körperlicher Fehlentwicklungen einmal gelernt und begriffen hat, allgemein gültige Aussagen zu machen und für alle Betroffenen taugliche Hilfen und Lösungen zu entwickeln. Davon lebt die Psychologie und die Medizin, aber auch das Geistige Heilen, d.h. wir entdecken auch in den verschiedenen Energiekörpern Signale, die bei allen Menschen das Gleiche bedeuten, also auf die gleichen Ursachen schließen lassen. Daher verfügt auch das Geistige Heilen über „Instrumente“ und „Techniken“, um auf diesen Ebenen erfolgreich tätig zu werden.

Mein Bestreben mit diesem und meinen anderen Büchern ist es, den Heiler und sein Tun aus dem Dunstkreis falscher Glaubens- und Weltanschauungsvorstellungen zu holen und zu demonstrieren, dass hinter dem, was scheinbar so wunderbar und mystisch ist, unbestechliche Gesetze und Regeln stehen, die teilweise bereits wissenschaftlich untermauert sind, und dass nur deren Anerkennung und Einhaltung den gewünschten Erfolg bringt. Ich habe deshalb auf den folgenden Seiten dieses Buches versucht, den Zusammenhang zwischen seelischer Ursache und körperlicher Spiegelung in Gestalt der Krankheit aufzuweisen und dies an echten Beispielen aus meiner Praxis zu belegen. Mein Dank gilt meinen Patienten, die zu diesem Werk unwissentlich beigetragen, deren Name und nähere persönliche Umstände ich aber aus Gründen des Personenschutzes verändert habe.

Ich würde mir wünschen, dass dieses Buch zu einer Versachlichung des Themas Geistiges Heilen beiträgt, damit diese große Hilfe irgendwann einmal auch von den gesellschaftlichen Kreisen akzeptiert wird, die ihm bisher noch skeptisch oder gar feindlich gegenüber stehen.

1.

Greift ein Geistheiler in das Karma seiner Patienten ein?

Diese Frage wurde mir in der Vergangenheit häufig gestellt. Die darin unausgesprochen mitschwingende Befürchtung, bei Geistheilung möglicherweise ungewollt gegen geistige Gesetze zu verstoßen, ist allerdings unbegründet. Was will das karmische Gesetz und wie wirkt es sich in unser aller Leben aus? Unter Karma verstehen wir das Gesetz von Ursache und Wirkung. Es konfrontiert uns mit den Folgen unseres Denkens und Fühlens, zeigt uns die Konsequenzen aus unserem Handeln auf und das über mehrere Leben hinweg. Durch das Wirken des Karma werden wir aufgefordert, uns mit unseren Motiven und damit unserer seelischen Struktur auseinander zu setzen und gegebenenfalls notwendige (= die Not wendende) Korrekturen anzubringen.

„Sage mir, mit wem du gehst, und ich sage dir, wer du bist!" ist ein Sprichwort unserer weisen Sprache, das den unmittelbaren Zusammenhang zwischen unseren bewussten wie auch unbewussten inneren Wesenseigenschaften und unserer äußeren Wahl und Entscheidung aufdeckt. Anders ausgedrückt: Unsere Handlungen spiegeln unseren Charakter und den Stand unserer Evolution bzw. Bewusstheit. Besonders das, was uns scheinbar ungewollt geschieht, was uns aus „heiterem Himmel trifft", schreiben wir gern einem blindwütigen und ungerechten Schicksal zu und erkennen nicht, dass auch dieses äußere, negative Erleben nur der Spiegel oftmals traumatisierter Erfahrungen dieses oder vergangener Leben ist, die wir – menschlich verständlich – nur noch vergessen und verdrängen konnten. *Schicksal* besagt, dass uns etwas geschickt wird, was zutiefst mit uns selbst etwas zu tun hat; und deshalb können wir auch gar nicht anders, als das Geschick(te) anzunehmen. Wir sind tatsächlich der vorgesehene Empfänger der geschickten Botschaft. Und so treten nach dem karmischen Gesetz die unerlösten inneren Aspekte unserer Persönlichkeit als leidvolle Erfahrungen in Gestalt von Krankheiten, Unfällen oder sonstigen Schicksalsschlägen in unser äußeres Leben und zwingen uns zur Auseinandersetzung mit ihren Botschaften. Denn nur was wir bewusst und als uns zugehörig (an)erkennen, können wir auch verändern und erlösen. Und nur auf diese Weise können wir unserem Schicksal und unserem Karma eine neue Wendung zum Besseren geben, wie die nachfolgende Geschichte so eindrucksvoll beweist.

An einem warmen Herbsttag suchte mich in der Praxis, in der ich damals arbeitete, ein Mann aus Lothringen auf, dessen Körperhaltung und düsterer Gesichtsausdruck so gar nicht zu dem sonnigen und heiteren Tag passten, an dem ich ihm zum ersten Mal begegnete. René L., ein schlanker, hochgewachsener und dunkelhaariger Angestellter des öffentlichen Dienstes, eröffnete mir gleich zu Beginn unseres Gespräches, dass er nach den vielen erfolglosen Behandlungen der letzten Jahre eigentlich nicht mehr an eine Besserung seines Leidens glaube, und dass er – sollte ich ihm auch nicht helfen können – nur noch resignieren und aufgeben könne. Als letzter Ausweg bliebe ihm ja immer noch der Selbstmord. Denn so wie bisher, könne es mit ihm nicht weitergehen. Das sei ja kein Leben mehr!

Ohne weiter auf seine pessimistische und fast erpresserische Ankündigung einzugehen, ermunterte ich ihn, mir doch zuerst einmal seine Geschichte zu erzählen, damit ich mir einen Eindruck von seinem Leiden und den bisherigen Behandlungen machen könne.

Wie mir René in der folgenden Stunde ausführlich berichtete, begann seine Leidensgeschichte bereits im frühen Alter von etwa 5 ½ Jahren. Immer, wenn er etwas aß, rebellierte auf unerklärliche Weise kurz darauf sein Magen, was sich durch peinlich laute Verdauungsgeräusche und anhaltende Druckschmerzen bemerkbar machte. Anschließend begann es in seinem Kopf zu hämmern und der unerträgliche Kopfschmerz führte dazu, dass er sich schon als Sechsjähriger heimlich Schmerztabletten beschaffte, um dieser Qual wenigstens stundenweise zu entrinnen. Mit kurzen Unterbrechungen ging das nun bereits seit über 35 Jahren so, und sein täglicher Tablettenkonsum war inzwischen zeitweise auf über 40 (!) Schmerztabletten gestiegen, worüber er in einem speziellen Kalender akribisch Buch führte. Natürlich hatte er im Laufe der Jahre bei Ärzten, Heilpraktikern und Schmerztherapeuten Rat und Hilfe gesucht und war in mehreren Kliniken gründlich auf den Kopf gestellt worden. Leider alles ohne klaren Befund und bleibenden Erfolg. Wenn überhaupt etwas half, dann nur für kurze Zeit, und bald darauf hatte sich sein alter Leidenszustand wieder schlimmer als zuvor eingestellt. Ich konnte seine Verzweiflung gut nachempfinden und fragte mich, wie man so etwas überhaupt so lange aushalten konnte, und was das wohl für ein Karma sei, das zu so einer deprimierenden, alles andere überlagernden, negativen Lebenserfahrung führen konnte?

Im Jahr zuvor schien sich schon eine Schicksalswende anzubahnen, als mein neuer Patient zu seinem großen Erstaunen von einem Heiler in Basel hörte, der angeblich nur durch Handauflegen die schwerwiegendsten Erkrankungen zu heilen vermochte. So eine Behandlung hatte René noch nie in Erwägung gezogen, er kannte sie gar nicht, da er bis zu diesem Zeitpunkt keinerlei esoterisches Interesse und Wissen hatte und voll auf schulmedizinische und bestenfalls homöopathische Behandlungsformen gesetzt hatte. Aber er hatte nichts mehr zu verlieren, und so fuhr er kurz entschlossen zu dem betreffenden Heiler in die Schweiz.

René hatte sich inzwischen etwas entspannt in seinem Sessel meines Sprechzimmers zurückgelehnt, und man sah ihm an, dass allein das Reden über seinen Leidensweg ihm für den Moment Ablenkung und dadurch Linderung verschaffte. Er schilderte auf meine Nachfrage hin – schließlich war ich neugierig, wie ein namhafter Kollege in so einem Fall vorging – dass der Heiler aus Basel ihn nur kurz seine Beschwerden aufzählen ließ, ihn dann im Sitzen und Liegen behandelte, indem er mit seinen dem Patienten zugewandten Handflächen dessen Aura ausstrich und danach minutenlang seine Hände auf Oberbauch und Kopf legte. Kein Wort fiel über mögliche Ursachen der Erkrankung, nur auf ausdrückliches Nachfragen erfolgte die lapidare Erklärung, dass sein Behandler soeben Renés Aura wieder gereinigt und seine Energiekörper harmonisiert und stabilisiert habe. Für den Lothringer waren das böhmische Dörfer. Als er die Praxis wieder verließ, war er somit nicht viel schlauer als zuvor, allerdings war das Ergebnis der Behandlung auf den ersten Blick für den Kranken sensationell. Die ihn auch an diesem Tag peinigenden Schmerzen waren mit einem Schlag verschwunden und sollten es auch über ein halbes Jahr lang bleiben. Dann waren sie plötzlich wieder da.

Nun war das für meinen Patienten, der in den letzten Jahrzehnten noch nie länger als ein paar Tage schmerzfrei gewesen war, trotzdem ein ermutigender Erfolg. Und so fuhr René ein zweites Mal in die Schweiz. Er erhielt die gleiche Behandlung, aber auch diesmal keine weitergehenden Erklärungen über das Wie und Warum seines Krankheitsbildes. Doch diesmal hielt der Erfolg nur wenige Wochen. Und nach dem sofort erfolgten dritten

Besuch blieb der Erfolg ganz aus. Die Energiebehandlung durch den Heiler wirkte nicht mehr. Als sich nun auch diese Behandlungsform offensichtlich als auf Dauer wirkungslos herausstellte, dachte der verzweifelte und inzwischen hoffnungslose Mann erstmals ernsthaft daran, seinem Leben und damit seinem Leiden ein gnädiges Ende zu setzen. Zwischenzeitlich hatte er auch noch bei einem bekannten Heilpraktiker in Heidelberg eine Licht- und Farbtherapie begonnen. Dieser hatte ihn wegen des weiten Anfahrtsweges fairerweise an meine damalige Frau verwiesen, die in ihrer Heilpraktikerpraxis, in der Nähe der deutsch-lothringischen Grenze, die gleiche Therapieform praktizierte, und in der ich damals als Geistheiler arbeitete. An mich wurde René deshalb weitergereicht, da ich in unserer Praxis der Spezialist für „schwierige" Fälle war, d.h. ich kam immer dann zum Einsatz, wenn eine ganzheitliche, das Seelische und das Körperliche gleichermaßen einbeziehende Behandlung angezeigt war. Und so saß er nun vor mir und schluckte gerade wieder eine seiner Tabletten, da ihn seine Schilderung über das Scheitern seines doch so hoffnungsvoll gestarteten schweizer Abenteuers erneut schwer belastete und die Magen- und Kopfschmerzen wieder aufflammten.

Intuitiv und dank meiner medialen Möglichkeiten erkannte ich schnell, dass ein verdrängtes traumatisches Erleben in seiner frühen Kindheit verantwortlich für sein Krankheitsbild war, und dass negative Glaubenssätze und Überzeugungen bezüglich seines Selbstwerts und Selbstbildes und gegenüber dem kreatürlichen Bedürfnis „Essen" dabei eine große Rolle spielten. Ohne ihm dies direkt zu sagen, erklärte ich René L., dass mich meine langjährige Erfahrung gelehrt hätte, dass es keine körperliche Erkrankung ohne seelische Ursache gebe, und dass eine Behandlung ohne Einbezug der seelischen Ursachen bestenfalls symptomverschiebend und auf Dauer wirkungslos bleiben müsste, wie er es ja gerade selbst eindeutig durch seine letztlich erfolglosen Besuche in der Schweiz habe erfahren müssen. Und ich bemühte mich, ihm klar zu machen, dass deshalb der erste Schritt jeder erfolgreichen Krankheitsbehandlung eine Erkundung der Ursachen sein müsse und wir daher zuerst eine Reise ins Reich seiner im tiefsten Innern verdrängten Erlebnisse machen müssten, um dort die seelischen Gründe zu finden, für die seine Schmerzen nur äußere Signale seien.

René L. hörte sich meine Ausführungen kommentarlos und ohne eine Regung zu zeigen an. Trotzdem spürte ich seinen Widerstand und seine Abneigung, nun plötzlich so etwas wie eine Psychotherapie machen zu müssen. Schließlich war er doch nicht verrückt, und dass er an seiner Seele kranken könnte, war für ihn ein neuer, fremder, ja fast ein erschreckender Gedanke. Eine Weile herrschte bedrückendes Schweigen im Raum. Zögernd und widerstrebend stimmte er schließlich doch zu, nicht ohne mich seine Zweifel deutlich spüren zu lassen. Es begann ein Heilungsprozess, der sich fast über ein Jahr hinzog und in seinem Verlauf geradezu lehrbuchhaft bestätigte, dass ein traumatisches Erlebnis, das der Patient längst vergessen hatte, verantwortlich für seinen langen Leidensweg war. Erst nach der Bewusstwerdung der Ursache und der Bereitschaft zur Annahme und Integration des Geschauten war auch die Heilung der körperlichen Symptome möglich.

In der ersten Sitzung führte ich meinen Patienten in Trance zurück in seine Kindheit. Überraschenderweise hatte René einen leichten Zugang zu seiner inneren Bilderwelt und bot trotz seiner anfänglichen Skepsis wenig Widerstand gegen die ihn in die Tiefe seines Unterbewusstseins führenden Suggestionen und die schnell einsetzenden, lebhaften und farbigen Erinnerungen an längst vergangene Episoden seines Lebens.

So kamen wir rasch zu jenem Tag, im Alter von etwa 5 ½ Jahren, an dem sich das Drama ereignete, das für den Heranwachsenden und späteren Erwachsenen von so zentraler Bedeutung werden sollte. René sah sich wieder als Kind in einem armen Elternhaus, wo in dieser Nachkriegszeit immer Mangel bis hin zu nacktem Hunger herrschte. Eines Tages wurde er mit seinem etwa gleichaltrigen Vetter in die wohlhabendere Nachbarschaft geschickt, wo anlässlich eines Familienfestes Gebäck und Kuchen verteilt wurde. Der Magen der beiden Knaben knurrte vor Hunger. An diesem Tag hatte es für beide bisher nur wenig zu essen gegeben. Auf dem Heimweg stieg ihnen der Duft der Köstlichkeiten auf ihrem Teller so verführerisch in die Nase, dass die Kinder nicht widerstehen konnten und herzhaft zulangten. Zu Hause angekommen, hatten sie fast die Hälfte dessen verspeist, was auch andere hungrige Mäuler hätte stopfen sollen. Der Zorn der Eltern war groß, und insbesondere René wurde brutal bestraft und ihm somit eindringlich bewusst gemacht, dass nur wegen seiner Gier und Rücksichtslosigkeit seine Geschwister nun hungern mussten. Sein schlechtes Gewissen war noch größer und nachhaltiger als die Schmerzen der Schläge. Ab diesem Moment heftete sich an seinen natürlichen und periodisch aufkommenden Hunger jedes Mal ein massives Schuldgefühl, das ihn nie wieder mit Freude und Genuss essen ließ. In einem zwanghaften Akt der Selbstbestrafung geißelte er sich von da an unbewusst jedes Mal selbst mit Magen- und Kopfschmerzen für den Umstand, dass selbstverständlich auch er immer wieder Hunger hatte und essen musste. Sein kreatürliches und natürliches Bedürfnis wurde zu einem Herd ständiger Selbstkasteiung, ohne dass sein Tagesbewusstsein davon etwas wusste. Hätte man ihn befragt, ob er sich denn solches vorstellen könne, er hätte eine solche Vermutung sicherlich voller Empörung von sich gewiesen. Wer kann schon glauben oder gar akzeptieren, dass sein ganzes Leid hausgemacht ist!? So aber fand er die nicht zu leugnende Ursache selbst in seinen verdrängten Erinnerungen und musste betroffen zugestehen, dass damals wohl ein tief sitzendes Trauma geschaffen worden war, das von da an seinem ganzen Leben seinen traurigen Stempel aufdrückte. Tränen liefen dem erwachsenen René über die Wangen, als er sich an diese Zeit erinnerte und die Ausweglosigkeit des Knaben in dieser Situation erkannte und wieder verspürte, der keinen anderen Weg im Umgang mit seinen eigenen und den durch die Eltern suggerierten Schuldgefühlen fand, als daraus den bitteren Weg der Selbstbestrafung zu gehen.

Im weiteren Verlauf der Therapie lernte mein Patient, sich und damit seinem inneren Kind zu vergeben und diesen Teil seiner Gesamtpersönlichkeit liebevoll anzunehmen. Er lernte, ein neues und unverkrampftes Verhältnis zu seiner Gier, seinem Genussempfinden und der Befriedigung seiner körperlichen Bedürfnisse zu entwickeln und sich solche Gefühle überhaupt zuzugestehen. Als er das nach einiger Zeit geschafft hatte, wirkte mein die seelische Therapie begleitendes Handauflegen immer länger, die Zustände völliger Schmerzfreiheit wurden immer häufiger. Stolz zeigte mir René nach einem halben Jahr seinen „Tablettenkalender", der belegte, dass sein Tablettenkonsum zwischenzeitlich an manchen Tagen bis auf Null herunter geführt werden konnte. Als er endgültig geheilt war und wir zu einem Abschlussgespräch zusammen saßen, machte ich ihm noch einmal die Zusammenhänge klar. Ich verdeutlichte ihm, dass er allein verantwortlich für seinen Leidensweg war. Er selbst hatte das Trauma geschaffen, das zur Ursache seiner körperlichen Beschwerden wurde. Nicht Gott oder ein unbegreifliches Schicksal. Das Karma, das ihn ja auch zu mir geführt hatte, sorgte dafür, dass ihm seine verdrängten Ursachen bewusst wurden, die er mit meiner Hilfe erlösen konnte. Damit war der Zweck seines Karmas erfüllt, der seelische Konflikt gelöst und die äußeren Signale in Form seiner Beschwerden und Schmerzen mussten sich gesetzmäßig auflösen. Das Karma ist also ein Erkenntnisweg. Es spiegelt und konfrontiert uns mit dem, was unserer Erlösung und damit unserer Rückkehr in die Einheit mit

Gott noch im Wege steht. Danken wir also unserem Karma, ohne das wir so vieles nie erkennen würden, gleichgültig wie „schlimm“ es auch im Einzelfall sein mag. In seinem Spiegel sehen wir uns immer so, wie wir wirklich sind.

2.
Wenn nur noch der Glaube hilft

Carmen, eine gute Freundin und Schülerin, war vor einigen Jahren in einer verzweifelten Situation. Bereits lange Zeit vorher war sie mit der Diagnose in die Praxis meiner damaligen Frau gekommen, nie Kinder bekommen zu können. Ein halbes Jahr später und nach einigen Behandlungen durch meine Frau war sie endlich schwanger geworden, und als ich sie kennen lernte, ging Clara, ihre Tochter, bereits in den Kindergarten. Carmen, eine temperamentvolle Südländerin, war mit einem Künstler verheiratet. Ihre Ehe war für sie eine Quelle ständiger Frustrationen und seelischer Verletzungen. Gemäß ihrer Erziehung und ihrem Naturell redete sie nicht gerne darüber und bemühte sich, nach außen fröhlich und unbeschwert zu wirken. Ihre verletzten Gefühle, ihr Unvermögen, darüber sprechen zu können oder diese Ehe zu beenden, führten schließlich nach einiger Zeit zu schweren Anfällen von Bronchialasthma. Ihr Arzt verschrieb ihr ein sehr starkes Medikament mit gravierenden Nebenwirkungen. Infolge des Medikaments und weil sie sich unbewusst einen schützenden Panzer gegen die fortwährenden Verletzungen in ihrer Ehe zulegen wollte, nahm sie in den folgenden Monaten extrem zu. Als auch noch ihre Regel ausblieb, suchte sie ihren Frauenarzt auf, der ihr eröffnete, dass sie etwa im 5. Monat schwanger sei.

Carmen, die von ihrer Schwangerschaft weder etwas geahnt noch gespürt hatte, war es vor allem vor der Reaktion ihres Mannes, der schon das erste nicht und auf keinen Fall ein weiteres Kind haben wollte, angst und bange. Aber erst als sie von ihrem Frauenarzt darauf hingewiesen wurde, dass man das betreffende Asthma-Medikament auf keinen Fall während einer Schwangerschaft einnehmen durfte und er deshalb zur Sicherheit dringend zu einer Fruchtwasseruntersuchung riet, schlug ihre Betroffenheit in nackte Panik um. Ein paar Tage später hatte sie das Untersuchungsergebnis in Händen. Mit über 90%iger Wahrscheinlichkeit würde sie auf Grund von nachgewiesenen Gen-Schädigungen ein behindertes Kind zur Welt bringen. Die Ärzte rieten der Entsetzten zu einer schnellen operativen Schwangerschaftsunterbrechung. In den folgenden Tagen schwankte Carmen hin und her zwischen tiefer Depression und dem unvernünftigen, aber von Herzen kommenden Wunsch, das Kind trotz allem auszutragen.

Ich erfuhr von alledem erst, als sie bald darauf unangemeldet in unserer Praxis erschien. Ich hatte gerade eine Behandlung beendet und den betreffenden Patienten verabschiedet, als Carmen mich auf der Treppe abfing, in unser Labor zerrte und dort die ganze traurige Geschichte aus ihr heraussprudelte. Verzweifelt und am Ende ihrer Kraft schaute sie mich flehentlich an und fragte atemlos: „Kannst du mir helfen?“ Zuerst verstand ich sie nicht. „Natürlich bin ich in dieser schweren Zeit für dich da!“ – „Nein, das habe ich nicht gemeint. Das weiß ich ja. Aber kannst du auch dafür sorgen, dass mein Kind gesund und normal wird?“ Erst da begriff ich, dass sie das Kind unbedingt haben wollte.

In den vergangenen Jahren hatte ich gelernt, auch in kritischen Momenten auf meine Intuition zu hören. Ich hatte erfahren, dass ich, wenn ich dem ersten, spontanen Impuls meines Höheren Selbst in einer Angelegenheit nachgab, niemals falsch lag, aber mich häufiger irrte oder die falsche Entscheidung traf, wenn ich nur den Empfehlungen meines Verstandes folgte. Darüber hinaus predigte ich als esoterischer Lehrer meinen Schülern immer, sich in schwierigen Lebenssituationen an den Repräsentanten Gottes im Menschen, an ihr Höheres Selbst, zu wenden und seinem Wort zu trauen. Und hatte nicht Jesus der jahrelang unheilbar an Blutfluss leidenden Frau, die sich ihm unbemerkt von hinten näherte, um sein Gewand zu berühren und von seiner Energie geheilt zu werden, versichert: „Tochter, dein Glaube hat dir geholfen (Mk 5, 25-34). Und so hörte ich mich selbst sagen: „Mit Gottes Hilfe ist alles möglich. Wenn du Glaube und Vertrauen hast, können Wunder geschehen!"

Als sich mein Verstand kurz darauf empört meldete und mich fragte, ob mir eigentlich klar wäre, was ich da eben getan und indirekt versprochen hätte, und ob ich die Verantwortung übernehmen würde, wenn nun ein schwerbehindertes Kind zur Welt käme, wurde es mir nachträglich heiß und kalt. Der Zweifel packte mich, und ich grübelte, ob ich da wohl gut beraten gewesen war, bei den vorhandenen Fakten, solche Hoffnungen zu wecken. Aber nun war es zu spät. Carmen hatte die Praxis voller Hoffnung und neuer Zuversicht bereits wieder verlassen, um ihrem Mann und ihren Ärzten ihre Entscheidung für das Kind und sein Recht auf Leben mitzuteilen. In dieser Nacht schlief ich anfänglich schlecht, und erst als ich mich lange nach Mitternacht in einer Meditation mit meinem Höheren Selbst verbunden und dort mein Urvertrauen wieder gefunden hatte, sank ich in einen erholsamen Schlaf.

Die Monate vergingen, und unbeirrt erschien Carmen jede Woche einmal bei mir zu einer Chakra-Therapie für sich selbst und eine gleich lange Heilbehandlung durch Handauflegen für das Ungeborene in ihrem Leib. Das Kind reagierte auf die einströmende Energie wie alle Föten meiner bisherigen schwangeren Patientinnen. Es strampelte kräftig und bewegte auch die Arme und Hände lebhaft, um dann nach einer Weile wie in Tiefschlaf zu fallen. Die Folgeuntersuchungen in der Klinik brachten bis zur Geburt keine endgültige Aussage darüber, ob das Kind möglicherweise geistig behindert sein würde. Die durch Ultraschall überwachte körperliche Entwicklung jedenfalls schien normal zu verlaufen. Als dann schließlich ein hübsches und gesundes Mädchen das Licht der Welt erblickte, war niemand froher und erleichterter als ich. Jahre danach noch, wenn ich dem heranwachsenden und äußerst lebhaften und intelligenten Kind begegnete, musste ich an diese Vertrauensprüfung denken, die mir am Beispiel der Mutter wieder einmal bewusst gemacht hatte, dass dort, wo Glaube ist, auch Hilfe nicht weit ist. Für die Mediziner blieb der Fall ein Rätsel, und man beglückwünschte die Mutter zu ihrem großen Mut und ihrem unerhörten Glück. Doch das Mädchen verdankt sein Leben vor allem der Tatsache, dass ich letztlich meiner Intuition und nicht meinem Verstand bzw. meiner Angst folgte und die Mutter an mich und meine Möglichkeiten glaubte. Erst später gestand sie mir, dass, wäre ich an dem betreffenden Tag nicht so sicher und fest aufgetreten, sie sich wohl notgedrungen für einen Schwangerschaftsabbruch entschieden hätte. Ich bedankte mich noch einmal bei meinem Höheren Selbst und entschuldigte mich für meinen Zweifel. Und wieder spürte ich dieses warme Gefühl in meinem Herzen, das mir immer zeigt, wie nahe uns der göttliche Geist in Wirklichkeit ist.

An dieser Stelle will ich noch etwas zum Thema „Heilungsversprechen" sagen: Häufig hört man von Heilern, die ihren Patienten Heilung nach einer bestimmten Anzahl von Behandlungen oder zeitunabhängig versprechen. Was ist davon zu halten? Erinnern wir uns an die Leidensgeschichte von René aus dem ersten Kapitel! War er doch der lebendige Beweis dafür, dass die wirkliche Besserung seiner Schmerzen erst dann einsetzte, als er die Botschaft seiner Beschwerden verstand und begann, an ihrer Ursache zu arbeiten. Man kann nun den meisten Patienten ihre seelischen Krankheitsursachen bewusst machen. Doch dann beginnt erst der wirklich schwierige Teil. Das Erkannte muss nämlich anschließend akzeptiert und integriert und dadurch erlöst werden. Und hier treffen wir auf die Widerstände unseres Egos, das sich mit Macht gegen die Forderungen unserer Erkenntnis wehrt und damit den Heilungsprozess hinauszögert oder gar oftmals verhindert. Wie lange dieser innere Kampf dauert und wie er ausgeht, kann seriöser Weise niemand vorhersagen. Das ist immer die freie Wahl des Betreffenden und von seiner Struktur abhängig. Wenn ein Heiler also trotzdem ein Heilungsversprechen gibt, kennt er entweder die Evolutionsgesetze nicht oder will sich trotz besseren Wissens durch dieses falsche Versprechen nur Einkünfte sichern.

Lassen Sie sich, lieber Leser, auch nicht von Besserungen nach reinen Energiebehandlungen, wie z.B. Handauflegen oder Aura-Streichen, täuschen! Symptomverschiebungen sind auch beim so genannten Heilen möglich, wie die Erfahrungen des Lothringers mit dem Basler Heiler beweisen. Ich selbst habe häufig bereits bei der ersten Behandlung Schmerzen lindern oder gar beseitigen können. Aber damit war doch noch nicht die Entzündung gestoppt, der Bruch geheilt oder der Tumor verschwunden und schon gar nicht die seelische Ursache beseitigt. Wie das Läuten beim Wekker, ist die Krankheit nur das Signal für Prozesse der Seele. Ich kann zwar das Klingeln abstellen, doch die Uhr tickt weiter! Im Fall von Carmen gab ich deshalb auch kein Heilungsversprechen, sondern verwies sie auf ihren Gottesglauben. Ich, als Geistheiler, bin dann nur das äußere Werkzeug der Seele des Betreffenden, der sich meines Lichts bedient, um mit seiner Hilfe biologische Abläufe in seinem Körper zu reorganisieren, wie Sie später noch im 9. Kapitel dieses Buches nachlesen können.

3.

Nicht immer werden wir aus Schaden klug

Unsere Strukturen und unser Charakter legen fest, wie wir in bestimmten Situationen handeln und uns verhalten. Unsere Umwelt spiegelt uns dann durch ihre Reaktion. Die Rückmeldung unserer Mitmenschen soll uns dabei helfen, Korrekturen an unserem Auftreten und Verhalten anzubringen. So unterstützen wir uns gegenseitig in unserer Entwicklung. Aber nicht immer können wir uns darauf verlassen, dass uns das Außen schon sagt, was in unserem Inneren noch bearbeitet werden muss! Manchmal werden wir nur durch Selbstbeobachtung auf Muster in unserem Verhalten aufmerksam, die, gemessen an normalem Verhalten, überzogen, auf die Spitze getrieben oder gar schon zwanghaft sind. Gefragt, warum wir so sind bzw. uns so verhalten, können wir meistens nur ratlos die Schultern zucken. „So bin ich eben", lautet dann häufig die etwas hilflose Antwort, die nur unsere Unwissenheit und das Unverständnis über das Wesen der eigenen Charakterzüge und ihrer Gründe verrät.

Willy S. war als Patient wegen eines Fußleidens zu uns gekommen. Mit der Zeit bekam er mit, dass wir in unserer Praxis bei jeder Behandlung großen Wert auf das Aufdecken der jeweiligen seelischen Ursache legten. Und so saß er eines Tages vor mir und erzählte von einer Charaktereigenschaft, die er seit Jahren an sich feststellte, und die ihn selbst durch ihre Zwanghaftigkeit sehr irritierte. Gleichgültig ob im Berufs- oder Privatleben, überall kontrollierte er alle Abläufe und Vorgänge vier- oder fünfmal, um sicher zu gehen, dass alles seine Richtigkeit hatte. Sogar so banale Dinge wie das Abschließen der Tür, das Abschalten des Autolichts oder ob alle Roll-Läden seines Hauses auch am Abend heruntergelassen worden waren, wurden in gleichem Maße mehrfach kontrolliert, ebenso wie wirklich wichtige oder gefahrvolle Abläufe, die vielleicht eine solch intensive Überprüfung noch gerechtfertigt hätten. Selbst Willy war es klar, dass hier etwas in seiner Seele zutiefst nicht stimmte, über das er aber leider weder Wissen noch Kontrolle hatte, und das ihn immer zwang, sich so übertrieben und unvernünftig zu verhalten. Von mir wollte er nun wissen, wo diese Zwanghaftigkeit herrührte und was er dagegen tun könnte.

Im Rahmen einer Reinkarnationstherapie kamen wir in der zweiten Sitzung zu einem Vorleben, dessen dramatisches Ende das zwanghafte Muster des jetzigen Lebens begründete. Willy S. erlebte sich in dieser Sitzung als junger Steiger in einem Bergwerk. Ähnlich wie heute, war er ein lebenslustiger Typ gewesen, der es allerdings damals mit den Pflichten des Lebens nicht so ernst nahm. Auch seinen verantwortungsvollen Beruf und seine Gefahren nahm er meistens auf die leichte Schulter. So vernachlässigte er auch manchmal die Kontrollen unter Tage, die ein Schlagwetter ankündigen würden. Und so geschah es, dass er aus Leichtsinn wichtige Vorzeichen nicht bemerkte. In den Stollen einströmendes Gas entzündete sich, und wie im Zeitraffer erlebte der Mann von heute auf meiner Couch noch einmal, wie die Feuerwalze und die Druckwelle der Explosion auf ihn zu rasten, den Stollen zum Einsturz brachten und das Gestein ihn unter sich begrub. In diesem Moment erinnerte sich Willy in Trance wieder seiner letzten Gedanken des damaligen Lebens und der großen Betroffenheit sowie seiner schweren Schuldgefühle, mit denen er starb. „Das darf mir nie wieder passieren!" zog es noch durch sein Bewusstsein, bevor es dunkel um ihn wurde. Tief brannte sich die schmerzhafte Erkenntnis in seine Seele ein, dass nur sein Leichtsinn und seine mangelhaften Kontrollen die Katastrophe herbeigeführt und sein und seiner Männer Leben gekostet hatten.

Als Therapeut erlebt man häufiger, dass das unerlöste Thema einer früheren Existenz das Pendel heute ins andere Extrem schlagen lässt; und so wurde aus dem bodenlosen Leichtsinn des vergangenen Lebens bei Willy daraus ein zwanghaftes Kontrollieren allen Geschehens in seiner augenblicklichen Existenz. Die Wahrheit liegt aber bekanntlich immer in der Mitte, und so musste mein Patient in den folgenden Sitzungen zuerst lernen, sich selbst zu vergeben, um danach ein rechtes Maß an Verantwortungsübernahme und Kontrolle überhaupt entwickeln zu können.

Ein weiterer Fall soll belegen, wie weit es Seelen mit ihrer Selbstbestrafung treiben können, wenn ihr Schuldbewusstsein dies scheinbar gesetzmäßig erzwingt. Ich sage bewusst 'scheinbar gesetzmäßig', weil dafür ein grundlegendes Missverständnis im Denken und Fühlen in Folge falscher religiöser Glaubenssätze verantwortlich ist. Der falsche Glaube an Schuld und Sühne und einen strafenden Gott ließ unser altes Wissen, dass es immer nur um Ausgleich und um ein Lernen der Seele geht, in Vergessenheit geraten. Es ist ja auch viel einfacher, die Konsequenz aus unserem Denken, Fühlen und Handeln in Form erwarteter Bestrafung nach außen zu projizieren und es Gott, einem bösen Schicksal oder einfach dem grausamen karmischen Gesetz in die Schuhe zu schieben. Doch außer unseren falschen Glaubenssätzen und Erwartungen zwingt uns niemand. Wir selbst wählen unsere Spiegelung und damit das Erleben, das uns die Ursache bewusst machen soll! Wenn wir glauben, dass wir Prügel verdienen, werden wir sie bekommen. Natürlich müssen wir uns mit den Konsequenzen unseres Tun und Lassens auseinander setzen. Aber wie wir das tun, bleibt uns bzw. leider häufig unserer unbewussten Struktur überlassen. Niemand hindert uns daran, bewusst zu werden und anders mit uns umzugehen. Aber dazu müssten erst die falschen, über Jahrhunderte gepflegten religiösen Modelle und Dogmen aus unseren Köpfen verschwinden.

Eines Tages wurde mir ein junger Mann gebracht, der seit seinem zwanzigsten Lebensjahr erblindet war. Als Chemie-Student im ersten Semester hatte Udo F. mit gefährlichen Stoffen hantiert und versehentlich eine Säure-Explosion ausgelöst, die ihn das Augenlicht kostete. Er war darauf in eine tiefe Depression gestürzt, sah keinen Sinn mehr in einem weiteren Leben und fing an, davon zu reden, seiner jetzt unnützen Existenz ein rasches Ende zu bereiten. Er ließ niemand mehr an sich heran, und so hatten ihn Freunde in ihrer Ratlosigkeit zu mir gebracht, damit ich einen letzten Versuch starten sollte, ihn doch noch aus dem tiefen Loch zu holen, in das er nach dem Unglück gefallen war, bevor sie ihn der ständigen Beobachtung und Kontrolle einer psychiatrischen Klinik übergeben würden. Seine Sehkraft konnte ich Udo F. nicht wiedergeben, aber vielleicht war es ja noch möglich, ihn auf einer inneren Ebene zu erreichen, damit ihm diese schreckliche Erfahrung erspart bleiben konnte.

Um seine Aufmerksamkeit zu wecken, begann ich einfach zu erzählen, was ich so alles als Heiler tat. Anfänglich zeigte sein Gesicht wenig Regung, und seine toten Augen starrten nur blicklos ins Leere. Aber als ich anfing, von meinen Erlebnissen als Reinkarnationstherapeut und den Trance-Erfahrungen meiner Patienten zu berichten, erwachte plötzlich sein Interesse. „Glauben sie, dass das auch bei mir klappen würde?“ Es hatte zwar lange gedauert, aber der Fisch war jetzt an der Angel. Vorsichtig, um ihn nicht wieder zu verlieren, zog ich die Leine an. „Das käme auf einen Versuch an. Aber meiner Erfahrung nach gelingt es 9 von 10 Patienten." Udo L. schwieg eine Weile, dann tastete er sich weiter vor. „Schade, dass wir jetzt schon so viel Zeit mit Reden verbraucht haben!" Ich lächelte innerlich. Nun hatte ich den Fisch im Köcher. „Ach, das wäre kein Hindernis. Ich habe anschließend eine Freistunde, so daß wir noch genügend Zeit hätten, es zu probieren". Kurz darauf lag der junge Mann auf meiner Therapie-Liege und ließ sich von meinen Suggestionen willig in die Welt seiner seelischen Bilder führen.

In Trance forderte ich ihn auf, nun zu dem Erleben zu gehen, das Ursache für sein heutiges Schicksal war. In der folgenden Stunde entfaltete sich schrittweise das düstere Szenario eines mittelalterlichen Lebens, das ganz von Angst vor Teufeln und Dämonen, satanischer Besessenheit und Furcht vor der Macht der Priester und ihrer Kirche bestimmt war. In seinem damaligen Leben war Udo als arbeitssuchender älterer Mann in die Fänge der Inquisition geraten, die ihn zwang, in ihren Kellern als Henker und Folterknecht sein Brot zu verdienen. Besonders entsetzlich fand er es, auf Anweisung der Inquisitoren manches armes Opfer mit glühenden Eisen blenden zu müssen. Aber er war zu schwach, um sich dagegen zu wehren. Auch sah er keine Möglichkeit mehr, in seinem Alter auf andere Weise seinen Lebensunterhalt zu verdienen. Also tat er widerstrebend, was von ihm verlangt wurde, und was ihm nachts schlimme Alpträume bereitete. Er starb bald darauf an gebrochenem Herzen und nahm sich noch im Hinübergehen vor, seine erzwungenen schlimmen Taten dadurch zu sühnen, dass er sie selbst einmal am eigenen Leib erfahren wollte. Und so war es dann ja auch gekommen.

Udo L. hatte also diese Explosion, die ihn blendete, unbewusst selbst herbeigeführt, weil er tief in seinem Inneren glaubte, nur dadurch seine vermeintliche Schuld sühnen und vor Gott Vergebung erlangen zu können. Und da wir alle, viel mehr als uns bewusst ist, Schöpfer und Meister unseres Lebens sind, hatten sich seine Gedanken und Gefühle im Hier und Jetzt manifestiert. Als der Blinde das im Gespräch nach Ende der Trance-Reise erkannte, war er nach einigem Überlegen auch willens und bereit, die Verantwortung für sein Schicksal zu übernehmen. Von Selbstmord war fortan nicht mehr die Rede, wie ich Wochen später von seinen Freunden erfuhr. Heilen, das bedeutete in diesem Fall, seine Seele und ihre Verirrungen zu korrigieren, damit eine neue Sicht der Dinge und eine positive Lebensperspektive möglich wurden.

4.
Wir brauchen offensichtlich immer noch einen Sündenbock

In alter Zeit opferte man einen Bock, um sich von Sünden zu befreien. Man schlug sozusagen den Knecht anstelle des Herrn und praktizierte damit eine archaische Form dessen, was wir heute Projektion der Schuld nennen würden. Diese Methode, sich sozusagen von aller Schuld und der daraus folgenden Bestrafung reinzuwaschen, indem man die Verantwortung auf das Außen verschiebt, ist immer noch sehr beliebt. In der Medizin bekämpfen wir die Krankheit, übersehen aber großzügig ihre seelischen Ursachen. Die Religion lehrt uns, dass wir von fremden Geistern besetzt werden können, ohne uns bewusst zu machen, dass immer innere Umstände im Besetzten dies erst möglich machen. Die moderne Spielart des Exorzismus, das sogenannte Clearing, erzählt uns von Gedanken- und Gefühlsformen Dritter, die ungebetene Gäste in unserer Aura sein können, ohne gleichzeitig darauf hinzuweisen, dass erst das Vorhandensein gleichartiger, eigener Schöpfungen diese Besucher anlockt und ihnen den Zutritt nach dem Gesetz der Spiegelung erlaubt und ermöglicht. In meinen Heiler-Seminaren lehre ich meine Schüler, diese fremden Elementale mittels weißmagischer Techniken aus ihrem System zu entfernen, weise sie aber gleichzeitig darauf hin, dass dies nur eine kurzfristige Befreiung ist und sie gehalten sind, sich ihre eigenen Gegenstücke anzuschauen. Wie Kinder, die wir auch verpflichtet sind zu erziehen, kann man die persönlichen Elementale nicht so einfach aus der Seele hinauswerfen. Sie sind ja unsere ureigensten Schöpfungen, sind in uns zu Hause und bleiben deshalb untrennbar mit uns verbunden. Und so laden unsere unsichtbaren Kinder von Zeit zu Zeit Rangen aus der Nachbarschaft zu sich ein, die von ihrer Art sind und gern den gleichen Unsinn wie sie selbst machen. Die eigenen negativen Gedanken- und Gefühlsformen können wir nur durch bewusste Bearbeitung umerziehen und erlösen. Ist dies geschehen, lassen diese Kinder unseres Bewusstseins nur noch gut erzogene, ihnen entsprechende Genossen in unser Seelenhaus.

Ich vergleiche die menschliche Aura gern mit ihrer physischen Entsprechung, dem Immunsystem. Auch in unserem Körper haben wir ständig Besuch von Bakterien und Viren, vor denen uns normalerweise unser Immunsystem schützt. Erst wenn das Immunsystem geschwächt wird, die Aura an Lichtqualität verliert, können Viren und Bakterien bzw. fremde Energieformen in uns eindringen. Negatives und „böses" Denken und Fühlen schafft nebelartige Gebilde in unserer Aura, die unsere Lichtabstrahlung und damit unseren Schutz vor fremden Elementalen herabsetzen, so daß sie eindringen und sich nach dem Gesetz „Gleiches zu Gleichem" an unsere gleichartigen Eigenschöpfungen andocken und sie verstärken können. Einem hell strahlenden, entwickelten Bewusstsein kann kein dunkles Wesen nahe kommen oder gar schaden, denn das Licht ist immer der Sieger über die Finsternis.

Es macht also keinen Sinn, die Einbrecher zu verjagen und gleichzeitig Fenster und Türen geöffnet zu lassen. Es ist widersinnig, den dienenden Knecht zu prügeln und den Herrn ungeschoren zu lassen. Der „Knecht", die Spiegelung in Gestalt von Krankheiten unseres Körpers oder Besatzer unserer Aura, dienen uns, indem sie uns auf die eigenen Schwachstellen aufmerksam machen. Sagt nicht Luzifer in Goethes Faust: „Ich bin ein Teil von jener Kraft, die stets das Böse will und doch das Gute schafft" und meint damit, dass das so genannte „Böse" uns bei unserer Erkenntnis und damit unserer Evolution, also dem Guten, dient!

Neulich erhielt ich einen Anruf einer Schülerin, die mir von einer Freundin berichtete, die angeblich von einem Fluch bedroht würde. Als ich sagte, Hilfe sei immer möglich, suchte mich die Betreffende ein paar Tage später selbst auf. Und so lernte ich Anita F., eine Frau Mitte Dreißig, kennen, die mir wortreich erzählte, wie schwer ihr Leben sei, und dass ihre Lebenserfahrungen nur den Schluss zuließen, dass sie verflucht sei. Lebensgefährliche Erkrankungen und ein immer wieder erlebtes Verlassenwerden durch Partner kurz nach Aufnahme der Beziehung waren ihrer Meinung nach die wichtigsten Belege für die Existenz dieses Fluches. Einfühlsame Freundinnen hätten diese Vermutung auch schon geäußert, aber ihre letzten Zweifel habe eine Begegnung zerstreut, die sie erst vor kurzem hatte. Anita hatte sich regelrecht in eine leidenschaftliche Erregung hineingesteigert, und ich war gespannt, was nun kommen würde. Sie berichtete mir, dass neulich in der Fußgängerzone einer Nachbarstadt zwei Frauen zielstrebig auf sie zugekommen waren, die sie für Zigeunerinnen gehalten habe. Die beiden sprachen Anita an und eröffneten ihr, dass sie von Gott geschickt seien, um ihr zu sagen, dass ein Fluch auf ihr liege. Zuerst ihre Freundinnen, nun diese beiden Frauen. Das konnte einfach kein Zufall sein. Anita war total überrascht und ungeheuer beeindruckt, war das doch die Bestätigung all dessen, was sie selbst glaubte. Sie folgte den beiden in den nahe gelegenen Park, wo man sich ungestört unterhalten konnte. Dort nahm die ältere der beiden Frauen eine Kordel aus der Tasche, bat Anita mehrere Knoten hinein zu machen und versteckte die Schnur dann in ihrer geschlossenen Hand. Anschließend musste Anita der Frau mehrere Gebete und Anrufungen nachsprechen. Falls nun, so kündigte ihr die ältere Frau an, bevor sie die Faust öffnete, die Knoten verschwunden seien, so wäre das ein sicheres Zeichen dafür, dass Gott den Fluch von ihr genommen hätte oder ihn in den nächsten Tagen durch einen Beauftragten nehmen würde. Die Frau öffnete die Hand – und tatsächlich, die Knoten waren verschwunden! Als ich Anita fragte, ob sie den Frauen Geld gegeben habe, bejahte sie dies. Am gleichen Tag noch hörte sie von mir und nahm das als Zeichen, dass ich das auserwählte Werkzeug Gottes sei, den Fluch von ihr zu nehmen.

Ich war baff erstaunt über so viel Naivität, Selbstverblendung und Leichtgläubigkeit einer gebildeten Frau. Nicht nur, dass jeder Zauberlehrling dieses Kunststück vom Austausch zweier Schnüre nach der ersten Ausbildungswoche vorführen kann, weiß man doch, dass instinktiv begabte Menschen wie Zigeuner die Struktur verführbarer und leichtgläubiger Menschen geradezu riechen können. Ihr unerschütterlicher Glaube an einen real existierenden Fluch und ihre Einschätzung dessen, was ihr alles in diesem Leben widerfahren war, zeigte mir, dass sie alles, was sie betroffen machte, auf Schuldige im Äußeren projizierte. Alles und jedes war schuld an ihrem Elend, und am Schluss musste es sogar ein mächtiger Fluch sein, so daß Gott höchst persönlich eingreifen musste! Als ich vorsichtig andeutete, dass möglicherweise Ursachen in ihrer Seele für ihr Erleben und den „bösen Fluch" verantwortlich seien, wurde ihr vorher so lebhaftes Gesicht ausdruckslos. Sie lehnte sich in ihrem Sessel zurück und ihre Körperhaltung drückte schlagartig Abwehr und Distanz aus. Als ich ihr dann auch noch riet, mittels Trance-Techniken nach Gründen für das vermeintlich Böse in ihrem Leben zu forschen, war es mit ihrer Gelassenheit vorbei. Anita wurde sehr unruhig, sagte, dass ihr das jetzt alles zu viel würde und verabschiedete sich rasch mit der Bemerkung, sie würde sich bald wieder melden. Ich hörte nie wieder etwas von ihr.

Selbst im Falle eines wirklich existierenden Fluches, wäre sein Wirken nur ein Beweis dafür, dass etwas Entsprechendes – etwas zu ihr Sprechendes – in Anita vorhanden wäre und damit auf eine Struktur hingewiesen hätte, die zu überdenken und zu bearbeiten dringend notwendig gewesen wäre. Wie andere Gedanken- und Gefühlsformen ist ein Fluch eine Energieform, die regelnden Gesetzen unterliegt, und nichts, dem man ohnmächtig und insbesondere ohne persönlichen Bezug ausgeliefert ist.

5.
Zeige mir deine Chakras, und ich sage dir, wer du bist

Unsere Struktur und unsere Probleme spiegeln sich auf allen Ebenen unseres Seins. So wie jede Krankheit Ausdruck einer seelischen Problemstellung ist, offenbaren sich die gleichen Konflikte durch den Zustand unserer Chakras und die Lichtqualität unserer Aura. Jedes der sieben Haupt-Chakras entlang der Wirbelsäule repräsentiert dabei auch einen ganz bestimmten psychischen Bereich und dessen Befindlichkeit; und so sagt mir zum Beispiel die Blockade eines oder mehrerer Chakras schon sehr viel über die Seelenlage des Betreffenden und weist auf entsprechende Krankheitsbilder hin.

Stelle ich beispielsweise intuitiv oder durch Pendeln bei einem Patienten fest, dass sein Steiß-Chakra blockiert ist, so weiß ich, dass er momentan Schwierigkeiten hat, sich in der Materie zu verwirklichen; denn dieses Chakra verbindet uns mit der physischen Ebene. Der Betreffende erzählt mir dann häufig, dass er große Probleme habe, den ersehnten Beruf auszuüben oder keine Chancen sieht, seine Neigungen und Talente zu leben beziehungsweise in seinem Umfeld seine Interessen durchzusetzen.

Depressive drücken ihre Not oft durch eine Blockade des Sakral- oder Sexual-Chakras aus, das uns mit der Ebene der Gefühle verbindet. Hier deutet das Signal auf fehlende Lebens- und Sinnenfreude. Der Kranke berichtet dann vielleicht von dem Tod eines geliebten Menschen, der Trennung von einem Partner oder dem Verlust des Arbeitsplatzes oder einfach, dass er keinen Sinn mehr in seinem Leben sieht.

So manches schlägt uns auf den Magen, und wenn wir genau überlegen, dann sind es immer Ich-Ängste. Die Angst vor einer Prüfung, schwierigen Auseinandersetzungen in der Familie oder das tägliche Mobbing im Büro. Es gibt vieles, was unser Ego tangiert, und es spiegelt uns seine Betroffenheit durch eine Blockade des Solarplexus-Chakras. Wir fühlen dann den blockierten Energiefluss wie einen dumpfen Druck im Oberbauch.

Das Herz-Chakra steht für unsere Liebe und wie und mit welcher Einstellung wir der belebten und unbelebten Schöpfung begegnen. Eine Blockade dieses Zentrums, die wir wie einen Panzer um unsere Brust spüren können, weist darauf hin, dass wir uns von der alles verbindenden Liebe aus persönlicher Verletzung heraus abgeschnitten haben. Das Gefühl, verraten und verkauft worden zu sein, der Tod des Geliebten oder bei Frauen schwere Konflikte mit ihren Kindern sind beispielhafte Gründe, die zu einer solchen Blockade führen können.

Wenn ich „einen dicken Hals" habe, also etwas, was eigentlich in mir gärt, nicht herausbringen und nicht mitteilen kann, weist das auf das Kehl-Chakra hin, das durch seine Blockade signalisiert, dass ich in meiner Kommunikation gestört bin. Dieses Zentrum steht also für den freien Fluss, den Austausch zwischen Innen und Außen sowie für das Vermögen bzw. Unvermögen, grundsätzlich alles los- und zulassen zu können.

Eine Blockade des Stirn-Chakras – was ich vergleichsweise relativ selten feststelle – deutet auf eine Blockade der Erkenntnisfähigkeit und ein Festgefahrensein im Denken hin. Dogmatische Menschen oder solche, die sich den Kopf „zerbrechen", deren Gedanken sich immer wieder im Kreis bewegen, ohne zu einem akzeptablen Ergebnis zu kommen, oder andere, die ihren Wahrnehmungen nicht trauen, offenbaren das dann im Zweifelsfall durch eine Blockade des Dritten Auges, wie dieses Zentrum auch noch genannt wird.

Das Scheitel-Chakra schließlich drückt unsere Verbindung zur geistigen Ebene aus. Verzweiflung, ein Gefühl, von Gott und der Welt verlassen worden zu sein, keine Verbindung mehr nach oben zu haben, Glaubenszweifel und der Eindruck, allein und von allem abgeschnitten zu sein, führen häufig zu einer Blockade dieses Chakras.

Aber nicht nur Menschen, sondern auch höhere Tiere, insbesondere Haustiere, deren Seelen sich durch den engen Umgang und Kontakt mit uns oft auf eine bald bevorstehende erstmalige Verkörperung als Mensch vorbereiten, verfügen über ein vergleichbares Chakra-System. Eines Tages fragte mich eine Patientin, ob ich auch Tiere behandele, und ob es möglich sei, zum nächsten Termin ihren Hund mitzubringen? Als ich beides bejahte, brachte sie ihre wenige Monate alte Boxerhündin mit. Das Tier war erst seit kurzem in ihrem Besitz und zu ihrer großen Beunruhigung musste sie beobachten, dass der Welpe oft flach ausgestreckt auf dem Boden lag, unkontrolliert sein Wasser ließ und seltsam zuckte. Ihr Tierarzt meinte, dass er Epilepsie hätte und riet unserer Patientin, das Tier im Zweifelsfall einzuschläfern.

Als ich das Hundemädchen auspendelte, stellte ich fest, dass sein Kehl-Zentrum blockiert war, und ich hatte den Eindruck, dass die lebhafte, sehr zutrauliche und anhängliche Hündin zu früh der Mutter weggenommen worden war. Ich öffnete die Blokkade und behandelte das Tierkind mehrere Minuten lang durch Handauflegen und Aura-Harmonisierung. Die junge Hündin lag während der ganzen Prozedur unbeweglich auf meiner Liege und beobachtete mit ihren großen braunen Augen aufmerksam alles, was ich tat. Als sie genug Energie getankt hatte, wurde sie unruhig, und ich setzte sie wieder auf den Boden. Beim nächsten Besuch, vier Wochen später, konnte es das aufgeregte Tier nicht abwarten, wieder auf die Liege zu dürfen und behandelt zu werden. Wie mir seine Herrin mitteilte, waren die Anfälle seit der ersten Behandlung nicht mehr aufgetreten.

Als Heiler erlebt man es häufiger, dass die Energie- bzw. Lichtbehandlung bei Tieren und Kindern schneller und durchschlagender greift, als es beim erwachsenen Menschen der Fall ist. Ich denke, dass uns verkopften Erwachsenen das abhanden gekommen ist, was Tiere und Kinder noch auszeichnet – gläubiges Vertrauen und die Befähigung zur Hingabe. Wie beim Menschen, sind auch beim Tier seelische Konflikte Gründe für Blockaden, und wenn man jetzt schon Pflanzen Sinneswahrnehmungen und Intelligenz attestiert (siehe GEO 11/99) und es schon seit Jahrzehnten Forschungen gibt, die sich mit der Gefühlswelt von Pflanzen befassen, dann kann man das alles den evolutionär höher stehenden Tieren wohl kaum absprechen.

Anfang der 90er-Jahre lernte ich eine, wie es sich später herausstellte, sehr eigenwillige und machtvolle junge Frau kennen, die ich krankheitsbedingt noch jahrelang begleiten musste. Klara B. stand kurz vor ihrem Lehrerexamen, als sie ein ungewöhnliches Erlebnis aus der Bahn warf und ihr ganzes Leben dramatisch veränderte. Klara und ihre Freundin wollten ihren letzten Urlaub vor dem Examen in der Bretagne verbringen. Bereits in Deutschland hatte sie von einem „Magnetiseur“, wie Aura-Heiler in Frankreich genannt werden, gehört, der in der Nachbarschaft ihres Urlaubsortes lebte und den sie unbedingt aufsuchen wollte. Sie war nicht krank, aber von magischen und geheimnisvollen Dingen sehr fasziniert. Zweimal verlor sie auf unerklärliche und rätselhafte Weise die Adresse dieses Mannes. Aber statt dies als Warnung zu sehen, wie sie mir Jahre später gestand, bestärkte es sie nur in ihrer Neugier, und so beschaffte sie sich die Adresse ein drittes Mal.

Am Urlaubsort angekommen, hatten beide Frauen in ihrem gemieteten Domizil massive Schlafschwierigkeiten und damit einen weiteren guten Grund, den Magnetiseur aufzusuchen. Dieser behandelte sie beide, und die Schlafstörung der Freundin war damit auch schlagartig behoben. Nur Klara fiel in einen Zustand permanenten Schlafbedürfnisses und litt unter starken Bewusstseinstrübungen, wie nach exzessivem Alkoholgenuss oder bei starker Medikamenteneinnahme. Nach Rückkehr aus dem Urlaub wurde der Zustand Klaras immer schlimmer. Sie entwickelte plötzlich ein zwanghaftes Selbstbestrafungsprogramm, das dazu führte, dass sie sich für jeden „schlechten und bösen" Gedanken dadurch bestrafte, dass sie mehrmals die Treppe im elterlichen Haus auf- und absteigen musste. Am Ende sahen ihre verstörten Eltern keine Alternative mehr, als die Kranke in die Obhut der Psychiatrie zu geben. Dort blieb Klara über ein halbes Jahr und wurde nur medikamentös ruhig gestellt und mit die Persönlichkeit verändernden Drogen behandelt. Als sich keine Besserung zeigte, nahmen die verzweifelten Eltern ihre Tochter auf ihre Verantwortung aus der Klinik und brachten sie in unsere Praxis, wo die Mutter schon längere Zeit Patientin war.

Als ich in mein Behandlungszimmer kam, saß dort Klara neben ihrer Mutter, die sie beim Gehen stützen musste und der man ihre große Sorge um die Tochter deutlich ansah. Klara saß weinend neben ihr, ohne dass ihr Gesicht dabei irgendeine Regung zeigte. Die Tränen liefen ununterbrochen ihre Wangen hinab und der Gesichtsausdruck war tieftraurig, aber wie erstarrt und bewegungslos. Sie war kaum ansprechbar, so daß ich mich nur mit ihrer Mutter unterhalten konnte, die mir die ganze Geschichte erzählte und mich dann fragte, ob ich in diesem Fall noch etwas tun könnte. Wir legten gemeinsam Klara auf die Liege, und ich begann sie auszupendeln. Am Anfang dachte ich, etwas stimme nicht mit mir oder meinem Pendel. Denn zum ersten Mal in meiner damals noch jungen Karriere als Geistheiler erlebte ich, dass kein Chakra reagierte. Alles war wie tot. Dann erinnerte ich mich, einmal irgendwo gelesen zu haben, dass bei Schockzuständen, massivem und längerem Drogenmissbrauch oder der Ausübung satanischer Riten das Phänomen totaler Chakra-Blockade auftreten kann. Ich begann nun, vom Steiß bis zum Scheitel, die einzelnen Chakras zu öffnen, und kaum war ich damit fertig, erlebten die Mutter Klaras und ich, wie sich die Gefühlslähmung der Kranken schlagartig löste und sie erstmals seit Monaten wieder hemmungslos und sehr gefühlsgeladen weinte und schluchzte. Die Mutter fiel mir fast um den Hals, so sehr beeindruckte sie der Unterschied zwischen der monatelang anhaltenden Starre im Wesen ihrer Tochter und dem nun gezeigten Verhalten. Es war für sie fast wie ein Wunder. Dabei hatte ich doch nur die Energieblockade gelöst und noch gar nicht weiter behandelt. Ich holte das jetzt nach und hatte stellenweise das Gefühl, als würde ich einer Verdurstenden Wasser reichen, so stark war der Sog ihrer Chakras, was ich fast schmerzhaft in meinen Handflächen spürte. Es begann eine monatelange Behandlungsserie, die mich zeitweise mehr an einen Kampf als an eine Therapie erinnerte. Denn je besser es meiner Patientin vordergründig ging, um so stärker kam ihre für ihr Schicksal und ihre Erkrankung verantwortliche seelische Struktur und ihr Widerstand zum Vorschein. Wie bereits anfänglich gesagt, war Klara sehr eigensinnig, egozentrisch und machtbewusst, wollte nichts und niemanden an sich heranlassen und sich schon gar nichts von mir, einem Fremden, sagen lassen. Jeder Therapeut hat nun die Patienten, die er verdient, und mit der Zeit begriff ich, dass meine Patientin mir meinen eigenen Machtanspruch und meine eigene Selbstherrlichkeit drastisch vor Augen hielt – schließlich ließ ich mir genauso ungern etwas von anderen sagen –, und dass ihre Ungeduld mit ihren Fortschritten meiner Ungeduld mit ihr entsprach. Aber wie sich das für eine gute Therapie gehört, lernten wir mit der Zeit beide, Patient und Therapeut, das, was uns der jeweils andere spiegelte.

Erst nach Jahren ließ es der Gemütszustand Klaras zu, wieder eine sinnvolle berufliche Tätigkeit in Erwägung zu ziehen. An eine Fortführung der ursprünglichen Ausbildung war nach so langer Zeit nicht mehr zu denken. Und so suchte und fand Klara einen neuen Weg, der ihrem veränderten Bewusstsein entsprach. Heute hat sie eine mehrjährige und sehr anspruchsvolle Ausbildung in einem sozialen Beruf hinter sich, der sie dazu zwingt, von sich weg auf andere zu schauen und deren Bedürfnisse und Rechte wahrzunehmen und das eigene Ego hinten anzustellen. In den ersten Jahren hatte sie nie etwas von den Lichtfrequenzen, die ich an sie weitergab, gespürt, was sonst selten geschah und mich anfänglich sehr frustrierte. Heute habe ich die Hände kaum an ihre Füße gelegt, und sie spürt schon die Energie in ihrem Kopf ankommen. Es hat sich in diesen mehr als zehn Jahren viel getan. Bei uns beiden!

6. Chakra-Ausgleich – das kleine Wunder mit der großen Wirkung

Was ist eigentlich ein Chakra und wie entsteht es? Um das zu erklären, muss ich ein wenig ausholen. Der Name *Chakra* kommt aus dem Sanskrit und bedeutet „Rad“. Bereits im alten Indien sahen Hellsichtige diese Wirbel in der Aura, insbesondere das Steiß-Chakra, das am niedrigsten schwingt, die „gröbste“ Energieform repräsentiert und deshalb am besten und am deutlichsten wahrgenommen wurde. Das Steiß-Chakra verbindet uns mit der 3-stufigen Ätherebene, die zur irdischen Materie gezählt wird und sozusagen ihr unmanifester Ausdruck ist. Die Alchemie des Mittelalters war davon überzeugt, dass aus dem Äther die vier irdischen Elemente Erde, Wasser, Feuer und Luft entstehen. Die „Vier“ ist deshalb seit altersher die Zahl der Materie. Neben den vier Elementen, den vier Himmelsrichtungen, den vier Jahreszeiten erleben wir auch die vier Stadien menschlicher Entwicklung: das Kind, den Jugendlichen, den Erwachsenen und den Greis. Das vierarmige Kreuz im Kreis ist das Symbol für die Erde und ihre Energie. Und so wird auch das Steiß-Chakra wahrgenommen und in Abbildungen dargestellt. Dreht sich dieses Gebilde, so entsteht in der Draufsicht der Eindruck eines sich drehenden Rades mit vier Speichen, und so kam das Steiß-Chakra zu seinem Namen, der dann zu einem Gattungsbegriff für alle Energiezentren im menschlichen Körper wurde.

Im Ätherleib befindet sich am Steiß eine Kapsel, die unsere Lebensenergie, die im Sanskrit „Kundalini", Schlangenfeuer, genannt wird, enthält. Sie repräsentiert das Trinitätsprinzip im Menschen, und deshalb entströmen dieser Kapsel drei Ätherfrequenzen. Zwei der drei Ströme stehen gleichzeitig für die Dualität der Schöpfung, das aufbauende und das zerstörende Prinzip, die auch die „blaue" und die „rote" Energie und im Chinesischen Yin und Yang genannt werden. Blau steht dabei für Kälte, das Zusammenziehen, das Verdichten und den Aufbau. Rot wird verbunden mit Wärme, der Ausdehnung und der Zerstörung. Beide Energiebahnen winden sich wie Schlangen um den zentralen Kanal der „weißen" Energie, die den Ausgleich, die Neutralität und das Bewahren repräsentiert und in der Wirbelsäule bis zum Scheitel verläuft. Die Kundalini-Energie entströmt nun dem Scheitel-Chakra wie der Wasserstrahl dem Springbrunnen und fließt wie ein Ölfilm auf der Oberfläche der Aura wieder abwärts in endlosem Kreislauf. Dort, wo sich die drei Ätherenergien der Kundalini in der Wirbelsäule kreuzen, entstehen in der Aura besondere Energieverdichtungen, die einen speziellen Effekt hervorrufen, den die Physik in ihrem Bereich eine Wirbelschleppe nennt. Im Lexikon lesen wir dazu: „Die von einem umströmten Körper sich ablösenden Wirbel einer Wirbelschleppe können unter bestimmten Bedingungen eine regelmäßige Anordnung mit abwechselnd entgegengesetztem Drehsinn besitzen." Dieses Phänomen begründet also auch die – gleichgültig ob vom Steiß oder vom Scheitel aus gesehen - abwechselnd rechts und links drehenden Chakras bei jedem Menschen, losgelöst von seinem Geschlecht, und gleichermaßen bei den höheren Tieren. In über fünfzehn Jahren haben hunderte meiner Schüler und ich nie eine andere Ordnung entdeckt, und so kann ich mich nur wundern über so viele falsche Informationen zu diesem Thema in mehreren Büchern, die z.Zt. auf dem Markt sind. Aber viele „Experten" berichten nur vom Hörensagen und schreiben den vielfach propagierten Unsinn einfach nur nach, beziehungsweise verwechseln die unterschiedlichen Ebenen, die alle ihre eigenen Gesetze und Ordnungen haben. Um eine Vorstellung von einem Chakra zu bekommen, stellen sie sich, lieber Leser, einfach vor, sie sitzen in der Badewanne und ziehen den Stöpsel heraus. Es bildet sich daraufhin häufig auf der Wasseroberfläche ein Wirbel mit einem Wirbelkanal, der nach unten in den Abfluss führt. Genauso sieht ein Chakra aus, und sein Wirbelkanal führt in den jeweiligen Schnittpunkt der drei Energiebahnen der Kundalini. Unsere Stimmungen sowie bewusste und unbewusste Gedanken und Gefühle, die ja beide Energieformen sind, beeinflussen unser ätherisches Chakra-System ebenso wie es die Energieabstrahlungen anderer Menschen aus unserer Umgebung tun. Besonders sensible und sensitive Zeitgenossen erleben es öfter, dass sie plötzlich, ohne erkennbare Ursache, niedergeschlagen und depressiv sind, sich schlecht fühlen und sogar Kopf- oder Magenschmerzen bekommen. Meine Frau Sylvia ist so ein Mensch.

Neulich war sie seit längerem wieder einmal in der Stadt bei ihrem Friseur. Als sie zurückkam, ging es ihr so wie oben beschrieben. Es war nicht das erste Mal, und so bittet sie mich in solchen Fällen immer, sie auszupendeln und ihre Chakras gegebenenfalls wieder zu öffnen. Tatsächlich waren alle Chakras vom Solarplexus an aufwärts blockiert. Als ich sie fragte, erinnerte sie sich wieder, dass beim Friseur ihr gegenüber eine andere Frau saß, die vor ihr fertig war und bald darauf ging. Schlagartig fühlte Sylvia Schwäche und Übelkeit, bekam Herzklopfen und musste die Trockenhaube zurückschieben und um ein Glas Wasser bitten. Viele Menschen erleben und erleiden astrale Attacken anderer, die dies bewusst oder unbewusst tun, und bemerken die Auswirkungen erst, wenn alles vorüber ist. Häufig handelt es sich dabei um etwas, was ich einen energetischen Vampirismus nenne. Andere Menschen rauben uns unsere Energie, und wir fühlen uns anschließend matt und schlapp, wie leer gelaufen. Fast jeder hat das schon einmal erlebt, aber nur den wenigsten wird bewusst, dass das z.B. die Freundin war, die überraschend zu Besuch kam, der Arbeitskollege, der uns sein Leid klagte oder die Kranke, die unser Mitleid forderte. Es ist keineswegs immer bösartig gemeint, wenn solche „Anleihen" von unserer Lebenskraft gemacht werden. Oft ist es vor dem Hintergrund mangelhafter seelischer Abgrenzung des Betroffenen einfach das betreffende Gesetz, das besagt, dass die lichten seelischen und geistigen Energien immer von Plus zu Minus und von Orten des Überflusses zu Orten des Bedarfs fließen. Deshalb ist auch dringend davon abzuraten, Babys und Kleinkinder im gleichen Raum wie Alte und Kranke schlafen oder übernachten zu lassen. Im Fall meiner Frau ist es ihr Abgrenzungsproblem, und so leidet sie schon seit Jahren an Haut- und Zahnerkrankungen. Die Haut ist faktisch und symbolisch unsere Grenze, und mit den Zähnen zeigen und signalisieren wir und viele Tiere anderen: Bis hierher und nicht weiter! Ich öffnete also Sylvias Chakras, harmonisierte sie und strich ihre Aura aus. Sofort spürte sie das Wiedereinsetzen des Energieflusses, und bereits wenige Minuten später ging es ihr wieder erheblich besser.

Es muss ja nicht immer eine Krankheit sein, die uns niederdrückt. Häufig leiden wir einfach an den Auswirkungen solcher Erfahrungen, wie eben beschrieben, ohne etwas davon zu ahnen. Eine Chakra-Therapie kann da wahre Wunder wirken, wie ich im Laufe der Zeit bei meinen Patienten immer wieder feststellen durfte. Darüber hinaus hatten viele im Rahmen solcher Therapien außergewöhnliche Erlebnisse. Sie erinnerten sich beispielsweise an Szenen aus anderen Leben, lernten ihre Geistführer oder ihr Höheres Selbst kennen, hatten Visionen vom Leben auf anderen Planeten oder begegneten hohen Lichtwesen, wie Christus und seinen Engeln. Ein älterer Mann sprach sogar plötzlich aramäisch, ohne es je gelernt zu haben, und als seriöser und korrekter Professor und Konrektor einer Fachhochschule gehörte er nicht zu denen, die so etwas simulierten. Im Verlauf der Chakra-Therapie arbeite ich mit den Lichtenergien des Physischen, Seelischen und Geistigen, je nachdem was eben gerade von Nöten ist. Fast immer sprechen die Betreffenden anschließend von starkem Wärmeempfinden, einem Fließen von Energie und häufig auch von Licht- und Farberfahrungen. Einig waren und sind sich aber alle darin, dass diese Form der Behandlung seelisch aufbauend und harmonisierend und körperlich sehr wohltuend ist.

Christa, 49, nahm an einem meiner Initiations-Seminare teil. Sie war nach langer erster Ehe seit zwei Jahren wieder verheiratet. Ihr jetziger Mann hatte vor ihrer Ehe lange Jahre eine Lebensgefährtin, zu der er immer noch eine freundschaftliche Beziehung pflegte. Ab und zu besuchte er mit dem Einverständnis Christas, die bewusst tolerant und großzügig sein wollte, diese frühere Partnerin. Am zweiten Morgen des Seminars stand die psychologische Deutung der Chakras auf dem Programm. Jedem der sechs Teilnehmer zeigte ich auf der Liege mit Hilfe meines Pendels, in welchem energetischen Zustand seine sieben Haupt-Chakras waren und erklärte ihm, was dies über seinen Seelenzustand aussagte. Als Christa an der Reihe war, ergriff ich wie üblich ihre Fußspitzen, um den normalerweise deutlich fühlbaren Energiefluss von der Sohle bis zum Scheitel zu demonstrieren. Aber bei Christa staute sich die Energie im oberen Bauchraum und floss nicht weiter. Der Pendel offenbarte, dass neben ihrem Herz-Chakra, das Kehl-, das Scheitel-Chakra und die Lymphe im Brustbereich blockiert waren.

Kaum hatte ich den versammelten Kursteilnehmern verdeutlicht, dass ein blockiertes Herz-Chakra auf eine große Betroffenheit in der Liebe hindeute und dass das Kehl-Zentrum das Unvermögen etwas Los- und Zuzulassen signalisiere, fing Christa zu weinen an. Unter Tränen erzählte sie dann, dass ihr Mann heute wahrscheinlich wieder seine alte Geliebte besuchen würde. Sie hatte nach dem Frühstück mit ihm telefoniert und den Eindruck gewonnen, dass er dies plante, ohne dass er es ausdrücklich gesagt hatte. Allein ihre Vermutung reichte aus, ihre verdrängte Angst aufsteigen zu lassen und die betreffenden Chakras zu blockieren. Da sie als moderne und aufgeschlossene Frau nicht kleinlich und grundlos eifersüchtig reagieren wollte, hatte sie bisher ihre diesbezüglichen Ängste vor sich selbst geleugnet. Erst jetzt wurde es ihr bewusst, dass sie sich die ganze Zeit selbst etwas vorgemacht und sich total überfordert hatte und ihrem Mann ihre Gefühle hätte längst mitteilen müssen. Und so drückte sich der innere Zwiespalt zwischen falschem Selbstanspruch und tatsächlicher Gefühlslage durch die Blockade des Herz- und des Kehl-Chakras, das für unsere Kommunikationsfähigkeit steht, aus. Darüber hinaus hatte sich Christa durch ihre Selbstverleugnung zwangsläufig von der Erkenntnis aus höherer Sicht abgeschnitten, was durch das blokkierte Scheitel-Chakra belegt wurde. Ich erklärte ihr, dass die Tatsache, dass auch der Lymph-Fluss im Brustbereich blockiert war, auf eine nicht eingestandene Aggression und massive Widerstände im Gefühlsbereich hinweise, die sie sich einmal ehrlich anschauen müsse. Nun öffnete ich die blockierten Energiezentren und wiederholte dann den Energiefluss-Test von den Fußspitzen aus. Diesmal spürte Christa das aufsteigende Licht ganz deutlich in ihrem Kopf, und bald darauf ging es ihr gefühlsmäßig wieder gut. Sie nahm sich vor, sofort nach ihrer Rückkehr dieses Thema mit ihrem Mann zu besprechen, um gemeinsam eine Lösung zu finden, die ihnen beiden gerecht würde.

Gerade als ich dabei bin, dieses Kapitel zu schreiben, ruft Pia, eine meiner Schülerinnen, an. Ich habe meine sieben Monate alte Tochter auf dem Arm, die stark erkältet ist und ständige Betreuung benötigt. Insofern kommt mir dieser Anruf jetzt recht ungelegen. Aber da es ein Notfall zu sein scheint, höre ich mir ihren

Hilferuf geduldig an. Pia, eine Sekretärin in einem mittelständischen Betrieb, ist eine quirlige und sehr lebendige Persönlichkeit und verfügt über viel Sensibilität und über eine starke mediale Begabung, die sie aber in ihrem Leben zu wenig nutzt und noch weniger in Rechnung stellt und deshalb oft ungewollt ihr Opfer wird. Wie sie mir berichtet, war ihr Freund gestern bei seinem Vater im Krankenhaus, der Krebs im letzten Stadium hat. Das hat den jungen Mann tief getroffen, aber er konnte nicht mit seiner Freundin darüber sprechen. Abends, beim Einschlafen im Bett, legte Pia ihm noch die Hand auf den Kopf, um ihn zu beruhigen und ihm Kraft zu geben. Dabei schlief sie ein. Heute Morgen im Büro ging es ihr nun immer schlechter. Sie konnte aber ihren Arbeitsplatz nicht verlassen und rief daher mich als Retter in der Not an. Inzwischen hatte sie rasende Kopfschmerzen und ihr war speiübel. Ich forderte sie auf, sich wenigsten für fünf Minuten ins WC zurückzuziehen und sich den Energien meiner Ferntherapie zu öffnen. Bald darauf klingelte wieder das Telefon und Pia erzählte mir begeistert, dass es ihr mit einem Schlag sehr viel besser ginge. Sie hatte das Gefühl, als wenn mehrere „Rucks“ durch ihren Körper gingen und dass dann mit einem Mal alles von ihr abgefallen sei. Ich erinnerte sie zum wiederholten Male daran, dass es als Heilerin für sie wichtig ist, sich vor den negativen Gedanken- und Gefühlsformen Dritter zu schützen, um dadurch auch eine unbewusste Übernahme dieser Fremdenergien zu vermeiden. „Ein jeder trage des anderen Last“ bedeute eben nicht, sich infizieren zu lassen, sondern freiwillig und in vollem Bewusstsein dem anderen bei seinen Problemen zu helfen.

7.
Wegbegleiter bei Geburt und Tod

Der Begriff „Heiler“ ist landläufig mit der Vorstellung von Krankheitsheilungen verbunden. Heil werden, das bedeutet aber auch, die seelische Harmonie wieder zu finden, die häufig bereits zu Beginn oder spätestens am Ende unseres Lebens durch verständliche, aber unbegründete Todesangst verloren zu gehen droht. Bei Geburt und Tod durchläuft die Seele Prozesse, die sich – entsprechend den Rahmenbedingungen – positiv oder negativ auf sie auswirken können. So sehe ich auch diese beiden entscheidenden Wendepunkte menschlichen Lebens als besonders wichtige Tätigkeitsfelder heilerischen Bemühens.

Sigmund Freud sprach von einem Geburtstrauma, und oft erlebten Patienten in meinen Trance-Therapien, dass sie bereits in der pränatalen Phase oder während der Geburt und danach Erlebnisse hatten, die ihr ganzes Leben prägten. Einen solchen beispielhaften Fall schildere ich im Kapitel „Das innere Kind…“ meines Sachbuches „Die Flamme der Erkenntnis“. So legte ich selbstverständlich großen Wert auf die frühzeitige Betreuung meiner beiden Nachkömmlinge Aaron und Irina und behandelte sie und ihre Mutter bereits während der gesamten Schwangerschaft, was meiner Frau wie den Kindern sehr gut tat. Bei beiden Kindern war ich bei der Geburt dabei. Da Hebamme und Arzt mich als

Heiler kannten, überließen sie mir vertrauensvoll große Teile der Betreuung meiner Frau. Ich stabilisierte energetisch ihren Kreislauf, beugte ihrem Herzrasen vor und gab ihr Kraft, die Geburten auf natürlichem Weg und ohne Schmerz- oder Narkosemittel zu erleben. Bei Aaron hatten wir uns für eine Unterwassergeburt entschieden, Irina kam auf „dem Trockenen" zur Welt. Sofort nach der Geburt lagen die Kinder zuerst eine Weile an der mütterlichen Brust, wurden dann während der Nachsorge meiner Frau durch den Arzt mir übergeben, und ich nutzte diese Zeit nicht nur zum Kennenlernen, sondern auch zur Harmonisierung ihrer durch das gewaltige Geschehen erregten Seelen. Dass die Kinder in den Monaten danach ausgesprochen ausgeglichen waren und schon bald nachts durchschliefen, schreibe ich u.a. auch dieser frühzeitigen Behandlung zu.

Im Laufe der Jahre blieb es nicht aus, dass ich auch den Tod von Patienten akzeptieren musste, da alles Bemühen, ihnen die Ursache für ihre Erkrankung verständlich zu machen und einen inneren Einstellungswandel herbeizuführen, gescheitert war. Da Heilung immer Selbstheilung ist, und Arzt oder Heiler immer nur Hilfe zur Selbsthilfe geben können, sind beiden in ihrem Tun natürliche und gottgewollte Grenzen gesetzt. Letztlich entscheidet der Patient, auf bewusster wie unbewusster Ebene, selbst, ob er wieder heil und ganz werden will oder das Unerlöste als Keim zur weiteren Bearbeitung in ein folgendes Leben mit hinüber nimmt. Auch die Todeserfahrung kann für die Seele sehr lehr- und hilfreich, aber auch sehr traumatisch sein, wie Nahtoderfahrungen immer wieder beweisen. Deshalb kommt auch der Sterbebegleitung eine große und wichtige Rolle im Prozess der Bewusstwerdung zu, wie ich es im Fall meiner eigenen Mutter sehr beeindruckend und gleichzeitig beglückend erfahren durfte.

Als ihr Erstgeborener war ich zeitlebens der vergötterte „Prinz“ meiner Mutter, und sie beklagte sich oft, dass ich nicht genügend Zeit für sie hätte. Etwa ab dem vierzigsten Lebensjahr war sie oft kränklich, insbesondere ihre Lunge, das Herz und der Kreislauf machten ihr häufig zu schaffen. Der Prophet gilt nichts im eigenen Land, und so suchte sie nur Rat und Hilfe bei Ärzten und nie bei mir. Sie bewunderte zwar, was ich tat, aber in ihrem Denken und Fühlen blieb ich ganz der Sohn und auf diese Rolle beschränkt. Das änderte sich erst in den letzten Minuten ihres Lebens.

An einem Nachmittag, Ende April 1997, erhielt ich überraschend durch einen Anruf meines jüngeren Bruders, der sich häufiger um meine Mutter kümmerte, die schlimme Nachricht, dass sie mit einem Hirnschlag ins Krankenhaus eingeliefert worden war. Ich sollte mir aber keine großen Sorgen machen. Der Schlag sei sehr leicht gewesen, nur eine geringfügige Lähmung sei zurückgeblieben und die 74-jährige wieder normal ansprechbar und bei vollem Bewusstsein. Ich verschob also einen sofortigen Besuch wegen dringender Termine auf den übernächsten Tag. Am folgenden Morgen, ich war gerade mit der Behandlung eines Krebspatienten beschäftigt, hörte ich die Stimme meines Höheren Selbst, die mich aufforderte, unverzüglich zu meiner Mutter zu fahren. Ich dachte, es ginge um eine möglichst rasch einsetzende Nachbehandlung, die keinen Aufschub duldete und machte mich in der Mittagspause auf den Weg ins Krankenhaus. Auf der Autobahn hörte ich plötzlich innerlich, dass ich meine Mutter hinüber ins Jenseits begleiten sollte, und dass sie deshalb auf mich warten würde. Total überrascht und betroffen beschleunigte ich meine Fahrt.

Als ich ihr Krankenzimmer betrat, lag sie aufgerichtet in ihrem Bett, war durch die Nase an ein Sauerstoffgerät angeschlossen und schnarchte geräuschvoll. Nichts in ihrem Ausdruck oder ihrer Gesichtsfarbe deutete auf einen bevorstehenden Tod hin. Ein normaler Besucher hätte sie für eine friedlich ihrer Genesung entgegen schlummernde ältere Dame gehalten. Wie mir die Krankenschwester dann berichtete, war sie vor zwei Stunden ins Koma gefallen, gerade zu dem Zeitpunkt, als ich zu Hause den Auftrag erhielt, sie aufzusuchen. Da ich inzwischen gelernt hatte, mehr auf meine Intuition als auf den Augenschein zu geben, trat ich an ihr Bett und begann mit ihr zu sprechen wie mit einem wachen Menschen. Ich versicherte ihr, dass sie jetzt, wo ich da sei, keine Angst mehr haben müsse. Ich würde ihr helfen, ihren Körper schmerzlos zu verlassen und sie ihrem Engel übergeben, der sie hinüber geleiten würde. Danach legte ich sanft meine Rechte auf ihren Scheitel und die Linke auf ihren Solarplexus und ließ Licht und Liebe in ihre Chakras strömen. Die Atemfrequenz meiner Mutter beschleunigte sich und sie erbrach kurz darauf Schleim. Ich fuhr ununterbrochen fort, ihr Energie zu geben und ihr gleichzeitig die schrittweise Lösung von ihrem Körper zu suggerieren. Die Krankenschwester hinter mir verhielt sich erstaunlich passiv und tat so, als sei das, was da geschah, das Natürlichste von der Welt. Knapp zwanzig Minuten nach meinem Eintritt in das Krankenzimmer richtete sich meine Mutter plötzlich auf, öffnete noch einmal ihre Augen, stieß einen tiefen Seufzer aus, sank zurück, schloss die Augen wieder und tat ihren letzten Atemzug.

Ich spürte, wie sich die Stille und Leere des Todes in ihrem Körper ausbreitete und fuhr fort, der nun vom Körper getrennten Seele mitzuteilen, dass sie nun ihre inneren Augen öffnen und sich umwenden solle, damit sie die Lichtgestalt sehen könne, die da auf sie warte. Froh erlebte ich mit, wie sie das auch folgsam tat und bald darauf an der Hand ihres Engels ins Licht schwebte. Voller Glücksgefühl trat ich vom Bett zurück. Mein Auftrag war erledigt. Für falsche menschliche Trauer war bei einer solchen, die Dimensionen normalen Erlebens sprengenden Erfahrung kein Raum. Es war für mich ein Freudenfest, einen mir so nahe stehenden Menschen auf diese Weise heimgehen sehen zu dürfen, dabei hilfreich zu sein und wieder einmal zu erleben, wie meine innere Stimme selbst in so einem unglaublichen Fall Recht behielt.

Später fanden mein Bruder und ich ihr Patienten-Testament, in dem unsere Mutter verfügte, im Falle eines längeren Komas nicht an lebenserhaltende Systeme angeschlossen werden zu wollen. Wir beide wussten, wie sehr sie diese entwürdigende Behandlung gefürchtet hatte. Noch heute bin ich sehr dankbar, dass ich das alles miterleben durfte und für die Erfahrung, wie wichtig für einen Sterbenden die Begleitung eines liebevollen, angstfreien und wissenden Begleiters in dieser Situation ist, der ihm in dieser Stunde des Abschieds hilft, den Körper und das physische Leben mutig und vertrauensvoll loszulassen.

8.
Gnade und Barmherzigkeit stehen über dem Gesetz

Das karmische Gesetz ist Basis und Voraussetzung unserer seelischen Evolution. In einem dualen System von gut und böse, richtig und falsch sorgt es für das Zusammenkommen von Ursache und Wirkung, bringt es die handelnde, bewusste Person mit ihrem (psychologischen) Schatten, dem Ungeliebten und Verdrängten, zusammen, so dass beide zur Einheit verschmelzen können, die unabdingbare Voraussetzung für unseren Aufstieg ist. Somit dient uns das Gesetz, indem es uns zur Auseinandersetzung mit uns selbst zwingt, was im positiven Fall dann zu unserer baldigen Erlösung führt.

Aber was ist, wenn dieser Bewusstseinsschritt faktisch nicht möglich ist, wie im Fall schwer erkrankter Kleinkinder, bewusstloser Unfallopfer oder einer schon von Geburt an vorhandenen Schwerstbehinderung? Ist ein solcher Mensch zum Leiden verdammt, kann er nur klaglos die Strafe vergangener Sünden ertragen? Wieso gibt es Spontanheilungen, wenn kein erkennbarer Bewusstseinsschritt unternommen wurde, keine Auseinandersetzung mit den Ursachen des Leidens erfolgte oder überhaupt erfolgen konnte?

Ich habe oft in der Praxis den karmischen Zusammenhang zwischen Struktur und Spiegelung und - im Lernfall - die Heilung des Betreffenden miterlebt. Als intuitiv und medial begabter

Mensch war ich oft Zeuge dieser inneren Prozesse meiner Patienten. Und von daher war ihre Heilung für mich immer schlüssig und folgerichtig. Bei näherem Hinsehen sind das auch die unerklärlichen Spontan- oder Wunderheilungen, die scheinbar die Ausnahme sind, die die Regel bestätigen. Das Karma ist doch wie ein guter Lehrer, der im Zweifelsfall die Überforderung des Schülers erkennt und dem Betreffenden die wiederholte Auseinandersetzung mit der Aufgabe ermöglicht und erlaubt. Es geht eben nicht um Strafe oder Zwang, sondern um Erkennen und freiwilliges Lernen, das ohne die ungeliebte karmische Spiegelung meistens nicht möglich wäre. Und so schickt Gott dem Ertrinkenden immer mehrere Boote hintereinander zu seiner Rettung, haben wir viele Chancen im Leben. Wir müssen sie nur bewusst oder unbewusst nutzen. Es geht letztlich also nicht um die Erfüllung eines Gesetzes, sondern nur um das Ergebnis des von ihm herbeigeführten Prozesses, was das Sprichwort „Der Weg ist das Ziel" eindeutig belegt. In dem Moment, wo sich jemand auf den Weg macht, also die äußere Rollenpersönlichkeit dem inneren Höheren Selbst, dem Gott in uns, signalisiert, dass sie zur Wandlung und Veränderung bereit ist, kann das Gnade-Prinzip wirksam werden.

Juristisch gesehen erleben wir als Verurteilter Gnade dann, wenn wir Einsicht und Verhaltensänderung glaubhaft über längere Zeit demonstriert haben. Gnade geht dann vor Recht. Gnade löscht also teilweise oder gänzlich die normalerweise im Juristischen wie im Karmischen zu erwartenden Konsequenzen. Gnade setzt dabei aber nicht das Gesetz außer Kraft, sondern bestätigt und belohnt nur ein nun gesetzeskonformes Verhalten und Handeln. Da es weder in unserer Rechtsauffassung noch beim Karma um blindwütiges Abstrafen einer Fehlhaltung, sondern lediglich um eine bewusst machende Spiegelung der Konsequenzen geht, sind die juristische Strafe wie das Karma dann erfüllt, wenn der Betreffende Einsicht und Wandlung zeigt und lebt.

Barmherzigkeit erfahren wir „unverdient". Wir haben nichts dafür getan, das karmische Gesetz scheint außer Kraft zu sein. Aus geistiger Sicht tritt sie u.a. dann auf, wenn die eigentlich notwendige karmische Spiegelung in Gestalt von Krankheiten, Schicksalsschlägen u.ä. und der gewünschte erzieherische Effekt aus Gründen, die nicht in der Verantwortung des Betreffenden liegen, nicht erzielt werden kann. Oder wenn der Sinn im nicht zu erwartenden und überraschenden Erleben von Barmherzigkeit - wie im Fall des biblischen Gleichnisses vom barmherzigen Samariter (Lk 10,25-37) - liegt, was auf den Empfänger genauso verändernd wirken kann wie eine harte karmische Spiegelung. Das Gleichnis erzählt von dem jüdischen Opfer eines Raubüberfalls (für den es sicherlich karmische Gründe gab), das die barmherzige Liebe eines Samariters, eines Angehörigen des von den Juden verachteten und als unrein angesehenen Mischvolkes, erfährt. Getreu dem göttlichen Gesetz, das da lautet: „Du sollst den Herrn, deinen Gott, lieben mit ganzem Herzen und ganzer Seele, mit all deiner Kraft und all deinen Gedanken, und: Deinen Nächsten sollst du lieben wie dich selbst", kümmert sich der Samariter als einziger der Vorübergehenden um den Schwerverletzten. Er fragt nicht nach Volkszugehörigkeit, Gesetz oder Karma, sondern hilft uneigennützig und befolgt damit das höchste Gesetz der Liebe.

Göttliche Barmherzigkeit muss auch am Werk gewesen sein, als ich meinem bis dahin seltsamsten Patienten begegnete. 1993 lernte ich in der kolumbianischen Stadt Medellin Césare kennen. Ein dortiger Arzt und Freund hatte meine damalige Frau und mich anlässlich unseres Besuches gebeten, uns besondere Fälle aus seinem Patientenkreis anzuschauen und ihnen wenn möglich zu helfen. Jeder von uns hatte einen eigenen Behandlungsraum und einen Dolmetscher dabei, da wir beide kein Spanisch sprachen. Ich hatte schon mehrere Behandlungen hinter mir, als als Letzter ein etwas 1,60m kleiner Mann, Anfang fünfzig und mit Halbglatze aufgeregt tänzelnd den Raum betrat und mich mit einem Schwall spanischer Worte überschüttete, die ich natürlich nicht verstand, und den sogar mein Dolmetscher Mühe hatte zu verstehen und zu übersetzen. Wie es sich dann aber nach vielem Hin und Her herausstellte, war der Wortschwall eine Kurzzusammenfassung seiner Krankengeschichte gewesen, die mit der Diagnose „Bauchspeicheldrüsenkrebs" endete. Später hörte ich, dass ihm seine Ärzte kein halbes Jahr mehr gaben, und dass César der Schwager unseres Freundes war. Andeutungsweise erfuhr ich auch, dass César es bisher sehr schwer und nicht viel Glück in seinem Leben gehabt hatte.

Noch nie hatte ich solche Schwierigkeiten, einen Patienten zur Behandlung überhaupt auf die Liege zu bekommen. Alles an ihm war ständig in Bewegung. Kaum lag er, wollte er schon wieder aufstehen. An ein entspanntes Augenschließen und ein Genießen der Energietherapie war schon gar nicht zu denken. Während ich ihn mit einer Hand auf die Unterlage drückte, behandelte ich mit der anderen schnell seine Chakras und die Drüse in seinem Oberbauch. Währenddessen stand sein Mund keine Sekunde still. Schweißgebadet und am Ende meiner Nerven, beendete ich nach einer Weile die Therapie, felsenfest davon überzeugt, meine Zeit verschwendet und nie und nimmer eine Wirkung erzielt zu haben.

Etwa sechs Wochen später erhielten wir einen Brief aus Kolumbien, in dem uns unser Freund, der Arzt, mitteilte, dass der Krebs seines Schwagers bei der letzten Untersuchung in der Uniklinik nicht mehr nachweisbar war und César im Kreis seiner ärztlichen Kollegen seither als einer der seltenen Fälle von unerklärlicher Spontanheilung gelte. César selbst sei allerdings felsenfest davon überzeugt, niemals an Bauchspeicheldrüsenkrebs erkrankt gewesen zu sein! Ich war total überrascht und sprachlos über diesen scheinbaren Bruch aller mir bekannter Gesetze. Da hatte ich nun jemanden geheilt und selbst nicht die geringste Ahnung davon wieso, warum und auf welcher Grundlage. Fast war ich geneigt, Césare und seiner Ansicht zuzustimmen. Später wurde mir durch mein Höheres Selbst vor Augen geführt, dass wir natürlich nicht immer begreifen und übersehen können, was das Karma eines Menschen gerade fordert. Unsere und insbesondere meine Aufgabe sei es, mich als „Boot" zur Verfügung zu stellen, das bei Bedarf vorbei geschickt würde. Außerdem stünde die Barmherzigkeit, die Gnade aus Liebe, über dem Gesetz. Denn die Liebe sei das Höchste, und sie folge nur ihrem eigenen Gesetz. Seitdem frage und führe ich keine inneren Diskussionen mehr, sondern handele, wenn mein Höheres Selbst es fordert. Es weiß es ohnehin besser. Und dies sage ich ohne irgendeinen falschen Unterton, sondern einfach, weil es so ist!

9.
Was geschieht eigentlich im Körper, wenn ein Heiler seine Hände auflegt?

Es hat mich immer zutiefst verwundert, dass Patienten so gut wie nie fragten, was sie spürten, wenn ich ihnen die Hände auflegte. Nicht ein einziges Mal wollte einer wissen, was genau dabei in seinem Körper geschah und wie und warum ein krankes Organ dadurch nach einer Weile wieder gesundete. Mit der Zeit kam ich dahinter, dass es mehrere Gründe für diese seltsame Zurückhaltung gab. Die einen wollten einfach nur ihre Schmerzen und das lästige Übel der Krankheit so schnell wie möglich loswerden, ohne weiter darüber nachzudenken. Das waren Patienten, die mit der Einstellung zu mir kamen: Bade mich, aber mach mich nicht nass! Meistens gingen in diesen Fällen unsere Wege schnell wieder auseinander. Die anderen hatten zu viel falschen Respekt, trauten sich nicht oder fürchteten, dass ihnen meine Antwort Angst machen könnte. Viele waren aber einfach von der medizinischen Betreuung her programmiert, den Arzt und sein Tun nicht zu hinterfragen, seine Diagnose gläubig und unkritisch hinzunehmen und seiner Verordnung nicht zu widersprechen und übertrugen dieses Verhaltensmuster nun auch auf mich. Dabei wäre ich – da ich meine Berufung sehr ernst nahm und immer noch nehme - nur zu gerne bereit gewesen, Rede und Antwort zu stehen und ihnen so weit wie nur irgend möglich zu erklären, wie geistige Heilung generell funktioniert und was ich in ihrem speziellen Fall machen und bewirken wollte. Besonders auch deshalb, weil es inzwischen fundierte wissenschaftliche Untersuchungen über das Heilen gab, die das scheinbar so Geheimnisvolle aus dem Dunstkreis falscher Glaubensvorstellungen ins rechte Licht rückten.

Zum Beispiel erleben Patienten bei Aura sichtigen Heilern, dass diese von Farbveränderungen in ihrer Aura sprechen, die auf eine Krankheit bzw. Fehlfunktion eines Organs hinweisen würden. Doch welcher Patient kann das wirklich verstehen? Es ist deshalb zuerst einmal wichtig, zu begreifen, was eine Aura ist und wie sie entsteht. Bereits im Physik- und Chemieunterricht höherer Schulen wird der Schüler mit dem Atommodell der Materie vertraut gemacht. Er lernt, dass um die Nukleonen des Atomkerns Elektronen wie Planeten um die Sonne kreisen. Durch Energiezuführung, beispielsweise in Form von Licht, Wärme oder Schall, springen diese Elektronen für Bruchteile von Sekunden auf eine höhere Kreisbahn, fallen anschließend wieder zurück und geben dabei Photonen, kleinste Lichtteilchen unterschiedlicher Frequenz bzw. Farbe, ab. Das ist der bekannte „Quantensprung". Dies geschieht in jedem Körper, also auch in unserem, jede Sekunde unzählige Male. Die Summe dieses Elektronenlichts bildet die Körperaura. Jede Materie, gleichgültig ob sie gasförmig, flüssig oder fest ist, besteht aus Atomen, und deshalb strahlen Steine, Pflanzen, Tiere und Menschen auch dieses Licht ab. In der Biophotonenforschung untersucht man diese Zusammenhänge und erforscht beispielsweise, wie sich das Licht lebender Zellen durch Bestrahlung mit verschiedenen elektromagnetischen Wellen, durch chemische Prozesse oder nur durch unterschiedliche Lebensumstände verändert. Dazu war allerdings auch der Bau teurer Restlichtverstärker, die es in der benötigten Empfindlichkeit bis dahin noch nicht gab, notwendig, um die Biophotonen, das Licht der Zellen, wissenschaftlich nachweisen und im Computer darstellen zu können. So wurde beispielsweise auch bewiesen, dass die Eier von frei laufenden und artgerecht gehaltenen Hühnern im Vergleich zu denen ihrer beklagenswerten Artgenossen aus den Legebatterien wesentlich mehr Licht abstrahlten. In der chemischen Analyse gab es keine Unterschiede, der qualitative Unterschied zeigte sich erst beim Vergleich der Biophotonen-Emission.

Nun fragt es sich, wieso es immer wieder Menschen gab, die dieses schwache atomare Licht sahen, was von den anderen, die es nicht sehen konnten, oft als Humbug oder einfach Schwindel abgetan wurde. Grundsätzlich gilt: Jeder Mensch kann dieses Licht sehen bzw. sehen lernen! Aura-Sichtigkeit ist nur eine besondere und abnormale Einstellung des „Instruments" Auge und keineswegs der Ausdruck besonderer spiritueller Entwicklung oder Reife. Unser Sehorgan ist das hoch empfindlichste Messgerät unseres Körpers. Allerdings ist das Auge seit Äonen auf das Licht der Sonne und deren Intensität und nicht auf das schwache Elektronenlicht eingestellt. Wäre es das plötzlich und unvorbereitet, würde unser Sehnerv verbrennen. Ist aber ein Mensch längere Zeit absoluter Dunkelheit ausgesetzt, verändert sich seine Augeneinstellung, und er sieht plötzlich um seine Mitmenschen herum diesen schwachen Lichtschein, den wir Aura nennen. Durch Übung lernt man dann, die unterschiedlichen Farbfrequenzen zu unterscheiden und stellt dann fest, dass der Mensch – wie ein Prisma – das Licht in seine Frequenzen oder Farben auffächert. Und so leuchtet der Bereich um den Steiß bis hinab zu den Füßen rot, das Becken und der Unterbauch orange, der Oberbauch gelb, die Brust grün, der Hals hellblau, die Stirn dunkelblau und der Scheitel violett.

Sieht nun ein Aura sichtiger Heiler im Unterbauch einer Patientin, der normalerweise eine orangene Lichtabstrahlung aufweist, einen schmutzig braunen Fleck, dann deutet das auf eine abnormale Abstrahlung der Atome und Moleküle dieses Bereichs und damit auf krankes Gewebe hin, und er diagnostiziert vielleicht ein Krebsgeschehen im Bereich der Gebärmutter. Die Erkrankung eines Organs hat also sehr viel mit den Lichtverhältnissen in seinen Zellen zu tun, was die inzwischen weltweit betriebene Biophotonenforschung zweifelsfrei bewiesen hat. Wie im Biophotoneninstitut von Dr. Popp in Kaiserslautern nachgewiesen und in Presse und Fernsehen berichtet wurde, können nun Heiler(innen) willentlich diese Lichtabstrahlung verstärken und durch ihre Hände jederzeit abgeben, wofür man aber noch keine wissenschaftliche Erklärung gefunden hat. Vergleichbar dem Sonnenlicht, wirkt dieses heilerische Licht im Organismus des Kranken ordnend, so daß sich Fehlentwicklungen in Zelle und Organ zurückbilden können und der Kranke gesunden kann. Auch bei Schnittverletzungen, Brüchen oder Verbrennungen wirkt das heilerische Licht auf gleiche Weise.

Eines Tages arbeitete ich mit einem Freund am Bau. Er bearbeitete gerade eine Schweißnaht mit einem Hammer, als sich ein Splitter vom Hammerkopf löste und ihm eine Schlagader im linken Oberarm aufriss. Das Blut spritzte im Rhythmus des Herzens aus der Wunde, und wir beide reagierten zuerst einmal panisch. Aufgeregt suchten wir etwas zum Abbinden, konnten aber nichts Geeignetes finden. Erst da fiel mir plötzlich wieder ein, dass ich ja über heilerische Fähigkeiten verfügte, die ich auch in diesem Fall einsetzen könnte. Ich presste also mit dem Daumen der linken Hand die Ader ab, während ich mit dem Zeigefinger der rechten die Wunde abdeckte und mit dessen Hilfe – wie in Form eines Laserstrahles - Licht in den Schnitt leitete. Nach etwa einer Minute hob ich vorsichtig meinen Zeigefinger an. Noch ein Blutstropfen perlte zögernd heraus, dann war der Blutfluss gestillt. Nun löste ich langsam und behutsam meinen Griff oberhalb der Wunde: Der Schnitt blieb verschlossen, obwohl doch das Adernsystem unter Druck stand, was die Reparatur von Verletzungen in diesem Bereich so schwierig macht. Langsam ließ ich den „Laserstrahl“ aus meinem Zeigefinger über die Wundränder hin und her wandern, und mein Freund und ich konnten deutlich sehen, wie sich binnen kurzem die Wunde weiter zusammen zog und der Schnitt sich dabei sichtlich verkleinerte. Die Zellen reagierten auf das einströmende Licht so schnell mit einem verstärkten Zusammenwachsen, dass wir nach weiteren fünf Minuten nur noch ein Pflaster aufkleben mussten, vorsichtshalber einen leichten Druckverband aus einem inzwischen gefundenen Tuch anlegten und dann für Stunden weiter arbeiten konnten. Als Ärzte aus unserem Schülerkreis das hörten, meinten sie kopfschüttelnd, dass bei einer solchen Verletzung das Unfallopfer normalerweise einen Tag bei hoch gelagertem Arm im Krankenhaus verbringen müsste. Nur eine kirschkerngroße Verdickung am Arm erinnert meinen Freund heute noch an das damalige Abenteuer.

Dass Körperzellen auch untereinander mittels Licht kommunizieren und sich dadurch gemeinsam z.B. auf einen „Feind" einstellen können, der in den Körper eingedrungen ist, bewies ein verblüffendes Experiment im Biophotoneninstitut von Dr. Popp: Zwei Gläser mit frischem, d.h. noch lebendem Schweineblut wurden nebeneinander gestellt. In das eine Glas träufelte man einen Erreger, und das Blut reagierte erwartungsgemäß mit der Bildung von Antikörpern. Soweit war also alles ganz normal. Doch dann konnte man im Labor beobachten, dass auch das Blut im zweiten Glas Antikörper produzierte, obwohl keine Erreger hinzugefügt worden waren. Wie war das möglich? Die Antwort war: Das Blut in den Gläsern hatte Informationen ausgetauscht. Der Informationsträger war das Licht! Der Beweis: Wenn man eine lichtundurchlässige Wand zwischen die Gläser stellte, wurde die Information, Antikörper zu bilden, nicht übertragen. Dr. Popp glaubt, dass Biophotonen – ähnlich Lasern in der Nachrichtenübermittlung – zur Steuerung biochemischer Prozesse dienen.

Vor dem Hintergrund dieses Experiments stellt sich nun die Frage, was geschieht dann in medizinischen Labors, wo z.B. in einem Reagenzständer nebeneinander mehrere Blutproben unterschiedlicher Patienten auf ihre Analyse warten? Werden auch dort

Informationen zwischen den Proben ausgetauscht, sozusagen Krankheitsbilder übertragen? Doch dieses Blut ist inzwischen tot, die seelischen Energien weitgehend entschwunden. Aber im Fall von Herztransplantationen, also lebender Organe, mehren sich die klinischen Berichte, dass eine Reihe von Herzempfängern nach einiger Zeit Verhaltens- und Gefühlsmuster zeigten, die früher dem Organspender zu Eigen waren. Nun wird klar, warum sich manche religiöse Gruppen gegen Organspenden bzw. Blutübertragung wenden. Sie fürchten die gleichzeitige Mitübertragung seelischer Informationen. Wie soll man sich also in einem solchen Fall verhalten? Nun, ich denke, dass diese möglichen Beeinflussungen von sekundärer Bedeutung sind, wenn es um die Rettung von Leben geht. Tatsächlich ist es ja ein Akt der Liebe, wenn jemand Blut oder ein Organ spendet, um anderen Menschen in ihrer Not zu helfen. Und wo das Motiv Liebe ist, kann das Ergebnis letztendlich nicht negativ sein!

Ein anderer Fall bestätigte beeindruckend, wie sehr man die Wundheilung durch Licht aus Heilerhand beschleunigen kann: An einem Freitagabend klingelte bei mir zu Hause das Telefon. Am Apparat war eine mir nur weitläufig bekannte junge Frau, die für ihre kranke Mutter anrief. Maria S., die Mutter, war Mitte Sechzig und hatte seit über einem dreiviertel Jahr einen offenen Fuß. Eine langjährige Zuckererkrankung hatte dazu geführt, dass ein kleiner Pickel auf dem Fußrücken sich immer mehr entzündete und schließlich zu einer offenen Wunde wurde, die mittlerweile so groß wie eine Walnuss war. Das Gewebe der Wundränder starb mit der Zeit immer wieder ab und musste deshalb jedes Mal abgeschnitten werden, was für die Kranke immer eine Tortur war. Da die Ärzte die Wunde nicht mehr zum Schließen brachten, sollte, wegen der Gefahren des Wundbrandes für den Gesamtkörper, der Unterschenkel am kommenden Montag amputiert werden. Die Tochter fragte mich nun, ob man da überhaupt noch etwas machen könne, und als ich sagte, dass man es ja zumindest probieren könnte, vereinbarten wir ausnahmsweise für Samstagmorgen einen Termin in der Praxis.

Tochter und Schwiegersohn begleiteten die Kranke, die kaum noch auftreten konnte und von beiden gestützt werden musste. Wir legten Maria S. auf eine Behandlungsliege im Erdgeschoss, um ihr das qualvolle Treppensteigen zu ersparen, und ich begann den Verband abzuwickeln. Sofort entwich der Bandage ein so fauliger und ekelerregender Geruch, dass alle außer mir ein paar Schritte zurückwichen. Dann lag der nackte Fuß mit der schwärenden Wunde offen vor mir. Man hatte inzwischen so viel totes Fleisch weggeschnitten, dass ich die weiße Sehne, die über dem Mittelfußknochen lag, deutlich sehen konnte. Die Wundränder waren wieder abgestorben und schwarz verfärbt. Aus dem umgebenden Wundfleisch stiegen beim genauen Hinsehen kleine Gasblasen auf und zerplatzten hörbar. Der Gestank war wirklich umwerfend. Ich stellte fest, dass das Steiß-Chakra, das auch die Beine mit Lebensenergie versorgt, blockiert war und sich im kranken Bein nur noch verbrauchte Energie staute, die zuerst entfernt werden musste, damit frische und unverbrauchte Kraft nachfließen konnte. Ich öffnete das blockierte Chakra und begann, von oben nach unten und in etwa 10 cm Höhe über ihrem Bein, die Aura langsam auszustreichen. Sofort begann die alte Frau jämmerlich zu stöhnen. Die neu einströmende Lichtenergie schmerzte sie so, wie wenn in ein beim unbequemen Sitzen eingeschlafenes Bein das Blut zurückkehrt. Anschließend behandelte ich mit meinem „Laserfinger“ den eigentlichen Wundbereich. Erstaunt bemerkten alle, dass der schreckliche Gasgeruch bereits merklich nachgelassen hatte.

Nach einer halben Stunde war die Behandlung zu Ende, und wir verabredeten noch für Sonntag einen weiteren Termin. Am Montag, bei der Operationsvorbereitung, stutzte plötzlich der behandelnde Arzt, untersuchte noch einmal gründlich die Wunde und verschob dann die Operation wegen deutlicher Anzeichen von Besserung auf einen späteren Zeitpunkt. Ich behandelte die Patientin weiterhin zweimal pro Woche. Am Ende der vierten Woche war die Wunde wieder geschlossen und von Amputation keine Rede mehr. Tochter und Schwiegersohn waren von der „wunderbaren“ Heilung so beeindruckt, dass sie unserem Schülerkreis beitraten und später selbst zu Heilern ausgebildet und initiiert wurden.

Die Tatsache, dass Heiler durch ihre Behandlung auf der atomaren und molekularen Ebene des Körpers Veränderungen herbeiführen, bestätigte mir eine verblüffende Geschichte, bei der es nicht um den menschlichen, sondern um den „Körper“ eines Weines ging: Meine damalige Frau und ich hatten den Auftrag, Menschen als Schüler anzunehmen und sie an andere Dimensionen des Seins heranzuführen. Sie hatten schon erlebt, dass Handauflegen zu spürbaren Veränderungen in ihrem Körper führte, ohne zu verstehen, wie es zu den erlebten Phänomenen in Form von Wärme-, Licht- und Energieerfahrung kam. Die Neigung, diese Erfahrungen einseitig dem Bereich des Mystischen und Magischen zuzuordnen, war groß. Um ihnen zu beweisen, dass die heilerischen Energien auch auf normale Materie einwirken und sie verändern kann, machten wir bei unseren Abendeinladungen gern ein Experiment. Wir schenkten in zwei Gläser Rotwein aus der gleichen Flasche aus. Anschließend behandelten wir eines der beiden Gläser, indem wir es einige Minuten in die Hand nahmen oder beide Hände um das Glas legten, ohne es direkt zu berühren. Dann durften unsere Gäste aus beiden Gläsern probieren. Sie waren nicht wenig erstaunt, festzustellen, dass der Wein in dem behandelten Glas einen vollkommen veränderten Geschmack hatte. – Jahre später fand ich im Heft 6/97 des populärwissenschaftlichen Magazins PM folgenden Artikel:

„Zeitmaschine“ - Wein künstlich gealtert. Der Elektronikfachmann Christian Kossak hat eine Zeitmaschine erfunden, die Wein und Schnaps in Minuten um Jahre altern lässt. Reifung bedeutet, dass die für den Geschmack verantwortlichen Moleküle sich miteinander verbinden. Das Wasser umschließt diese Stoffe wie ein Käfig. Erst nach Jahren können sie sich daraus befreien und das Aroma entfalten helfen. Kossak beschleunigt dies mit elektromagnetischen Wellen. Antennen in einem weinkühlerähnlichen Behälter schicken hochfrequente Impulse in die Flüssigkeit. Sie regen die Aromamoleküle zu Resonanz an und sprengen die „Wasser-Käfige". Ein Test mit dem Gas-Chromatographen zeigte, dass ein junger Cognac nach dieser Behandlung Stoffe enthielt, die sonst erst nach jahrelanger Lagerung vorhanden sind.

10.
Fernbehandlung – der lange Arm des Heilers

Der Mensch ist bekanntlich eine Trinität aus Körper, Seele und Geist. Dementsprechend verfügen wir auf jeder dieser Seinsebenen über Kräfte und Energien in Form von Licht. Im letzten Kapitel berichtete ich vom Licht der Materie in Gestalt des Sonnen- und des Elektronenlichts. Im Seelischen sprechen wir nun vom Astrallicht und im Geistigen vom Urlicht bzw. der geistigen Sonne. Die Naturwissenschaft erforscht seit langem das physische Licht, und so wissen wir inzwischen eine ganze Menge über die Gesetze und Eigenschaften dieses Bereichs des elektromagnetischen Wellenspektrums. Wir kennen seine Geschwindigkeit, seine Wechselwirkungen und haben auch entdeckt, dass unser Licht immer gradlinig strahlt. Und letzteres wirft nun im Bezug auf Fernheilung neue Fragen auf, denn wie ist es dann möglich, dass ich bei einer Fernbehandlung Menschen erreiche, die hunderte Kilometer entfernt, also unter dem Horizont, wohnen? Das Licht müsste der Erdkrümmung folgen und einen Bogen schlagen, was es bekanntermaßen nicht tut. Außerdem befinden sich zwischen mir und dem betreffenden Patienten Berge und Mauern. Und die schlucken bzw. reflektieren das Licht. Die logische Konsequenz ist, dass das Biophotonenlicht bei Fernheilung keine Rolle spielt und somit die beiden anderen Lichtformen, das Astral- und das Geistlicht, hier zum Zuge kommen. Beide unterliegen anderen Gesetzen als das dem physischen Naturgesetz folgende Sonnen- und Elektronenlicht.

Dass die Naturgesetze, die wir lange kosmosweit als allgemein gültig betrachtet haben, bereits im subatomaren Bereich, der Übergangszone zum Ätherischen, beginnen, ihre Gültigkeit zu verlieren, ist leider zu wenig Menschen bekannt. So haben Physiker bereits vor vielen Jahren erkannt, dass z.B. das Gesetz der Kausalität, das sie als Grundlage jeglicher Schöpfung, Manifestation und Abläufe ansahen, im Elementarteilchenbereich teilweise keine Realität besitzt. Dort, unterhalb der Ebene der Atome, existieren Teilchen als Duale, sprich Zwillingsteilchen, die – gleichgültig wie weit sie voneinander entfernt sind – trotzdem aufs Engste miteinander verbunden bleiben. Das eine der Teilchen ist positiv geladen und rechts drehend, das andere negativ geladen und links drehend. Dreht man nun im Experiment das links drehende Dual nach rechts, so dreht sich das rechts drehende nach links. Und das gleichzeitig! Selbst wenn Lichtjahre zwischen ihnen liegen. Diese bereits vor Jahrzehnten entdeckte Synchronizität stellte die Physik auf den Kopf. Es war so, als wenn Ursache und Wirkung in einem Punkt zusammenfielen, als wenn die Zeit aufgehoben wäre. Die beiden Teilchen verhielten sich so, wie wenn bei der Operation des linken Auges des weiblichen Zwillings in Deutschland zeitgleich auch die Sehkraft des rechten Auges bei seinem männlichen Pendant in Amerika verbessert würde. Ein Unding nach menschlichem Ermessen, wo im Ablauf der Zeit eine Ursache immer vor der Wirkung liegen musste. Selbst wenn es nur Bruchteile von Sekunden wären. Aber eine Gleichzeitigkeit in dieser Form konnte es einfach nicht geben. Dachten wir! Des Weiteren erlebten Physiker im Experiment das Phänomen, dass bei bestimmten Abläufen die Zukunft scheinbar vor der Vergangenheit kam und entdeckten Teilchen, die so genannten Neutrinos, die mit Lichtgeschwindigkeit durch jede Materie rasen und durch nichts aufzuhalten sind.

Wenn ich also Fernheilung praktiziere, bewege ich mich in nicht-physischen Sphären, und es sind Energieerfahrungen möglich, die entweder dem Seelisch/Magischen oder dem Spirituellen angehören und von vielen Patienten sogar stärker empfunden und erlebt werden, als die im Rahmen einer normalen Kontaktbehandlung. Darüber hinaus kann man Menschen mit dieser Methode sofort helfen, gleichgültig wie weit entfernt sie sind. Dies spielt insbesondere bei Krankheitsbildern, die anfallartig auftreten, eine große Rolle, wie mir ein Fall deutlich vor Augen führte.

Klaudia F., Jahrgang 1940, kam auf Empfehlung einer Schülerin zu mir. Sie wurde von ihrem Mann gebracht, da sie selbst nicht mehr in der Lage war, die mehr als 150 km zwischen ihrem Wohnort und meiner Praxis alleine zu bewältigen. Als ich sie das erste Mal sah, dachte ich, sie leide an einer schweren Spastik. Ihr Gesicht war verzerrt, sie konnte nur schwer sprechen und die Augen fielen immer wieder zu. Wenn sie sprach, zuckte ihr ganzer Körper und sie konnte ihre Arme und Hände keine Minute still halten. Alles hatte vor fünf Jahren angefangen und damit begonnen, dass es Klaudia immer schwerer fiel, die Augen zu öffnen bzw. geöffnet zu halten, bis es schließlich gar nicht mehr möglich war und sie sozusagen erblindete. Sie wanderte ohne Erfolg von der Augenklinik zur Uniklinik und von dort zur psychosomatischen Klinik. Jedesmal wechselte die Diagnose und die Behandlung. Klaudia wurde durch dieses Erleben zutiefst verunsichert und entwickelte daraufhin immer stärker werdende Angstzustände, so daß sie schließlich, kurz bevor ich sie kennen lernte, ein paar Monate in der Psychiatrie verbringen musste. Sie wurde massiv medikamentös behandelt, was allerdings nichts an ihrem Befinden änderte. Ihr Mann, die vielen Fehldiagnosen leid, machte sich im Internet an Hand der Krankheitssymptome auf die Suche und wurde tatsächlich fündig. Er entdeckte dort eine sehr seltene Erkrankung, den so genannten Lidkrampf, der auf den Körper übergreifen kann und dessen geschilderte Symptome weitgehend identisch mit denen seiner Frau waren. Jetzt fand sich auch ein Professor, der diese Diagnose bestätigte und aufdeckte, dass die zeitweise Cortisonbehandlung, die Klaudia erhalten hatte, ein absoluter Fehlgriff war und wahrscheinlich das Krankheitsbild verschlimmert hatte.

Die Bedauernswerte saß jetzt wie ein Häufchen Elend mit zuckender Mimik vor mir und wurde ständig von Weinkrämpfen geschüttelt. In den folgenden Wochen und Monaten gab ich ihr regelmäßig Chakra-Therapien und harmonisierte ihre Aura und begann, als sich ihr Befinden deutlich gebessert hatte, in Trance-Sitzungen die seelischen Ursachen zu erforschen. Angefangen mit den frühkindlichen und traumatischen Kriegs- und Nachkriegserfahrungen, einer Hirnhautentzündung im ersten Lebensjahr, weiter über die Tuberkulose bis hin zum sexuellen Missbrauch im Alter von 18 Jahren: Es fand sich vieles, was tiefe Spuren in ihrer Seele hinterlassen hatte. Trotzdem ging es ihr durch die Bewusstmachung dieser Ursachen immer besser, die körperlichen Symptome gingen zurück, und es blieben nur sporadisch auftretende Angstzustände und Panikattacken zurück, die sich aber auch immer seltener einstellten. Wenn sie aber auftraten, war sofortige Hilfe notwendig, da Klaudia dann von Panik geradezu überschwemmt wurde. Sie fürchtete das Alleinsein, da ihr Mann beruflich viel unterwegs war und nicht immer zur Stelle sein konnte, wenn sie wieder einmal einen Anfall bekam.

Also vereinbarte ich mit ihr, dass sie in solchen Fällen sofort bei mir anrufen sollte, damit ich sie zuerst telefonisch beruhigen und mit ihr danach eine möglichst rasch beginnende Ferntherapie verabreden konnte. Vereinbarungsgemäß musste Klaudia mich nach Ende der Behandlung anrufen und mir erzählen, was sie erlebt und gespürt hatte, und wie es ihr jetzt erging. Der Ablauf der Fernheilung war dabei meinerseits der gleiche wie bei einer Kontakttherapie. Der Patient ist zwar physisch nicht anwesend, dafür aber imaginativ. Da es auf der geistigen Ebene weder Raum noch Zeit gibt, existiert dort auch keine Trennung, und die von mir gesetzten Impulse werden zeitgleich empfangen. Klaudia erlebte deshalb meine Präsenz und die Wirkung der Heilsitzung genauso deutlich, als wenn sie real vor mir auf der Liege liegen würde.

Um etwas ganz anderes ging es bei Martha S. Ein halbes Jahr bevor sie mich aus Norddeutschland erstmals anrief und ihr Problem schilderte, war ihr Mann überraschend gestorben. Sie fand ihn morgens mit der noch brennenden Zigarette in der Hand tot auf dem Dachboden ihres Hauses, wo er wie jeden Tag die Tauben füttern wollte. Sie hatte gespürt, dass etwas nicht mit ihm stimmte und war nachsehen gegangen. Die Seelen so plötzlich und unvorbereitet Verstorbener haben es meistens sehr schwer, ihren Tod zu akzeptieren und die physische Sphäre zu verlassen. So bleiben sie oft als „Geister“ in ihrem gewohnten Umfeld und versuchen, weiter am Spiel des Lebens teilzunehmen (mehr dazu im 10. Kapitel des zweiten Teils meines Buches „Die Flamme der Erkenntnis“). Marthas Problem war es nun, dass sie in den Monaten seit seinem Tod ständig die Anwesenheit ihres Mannes gespürt hatte, als esoterisch gebildeter Mensch dies als eine Fehlentwicklung ansah, aber auch nicht wusste, wie sie ihm helfen sollte, da seine Seele auf die an sie gerichteten Gedanken und Bitten, weiter ins Licht zu gehen, nicht reagierte. Es bedrückte sie sehr, da sie beide sich noch kurz vor seinem Tod versprochen hatten, dass nach einer solchen Trennung jeder seinen Weg unbeeinflusst weiter gehen durfte, gleichgültig wie und wo. Martha hatte daher auch nicht unmäßig getrauert, da sie wusste, dass diese leidvollen Gedanken Verstorbene an ihrem Aufstieg hindern konnten. Mit ihrem Latein am Ende und auch etwas von seinem sie nötigenden Festhalten enttäuscht, bat sie mich um Hilfe. Ich gab ihr eine Fernbehandlung, verstärkte die Lichtqualität ihrer Aura und redete dem

Besatzer eindringlich ins Gewissen. Anschließend schickte ich die Seele ihres Mannes an der Hand seines Engels ins Licht. Von dieser Stunde an war für Martha die Anwesenheit ihres Mannes nicht mehr spürbar. Erleichtert und glücklich, dass es die Seele ihres Mann jetzt geschafft hatte, wollte sie mich nun auch persönlich kennen lernen. Ein halbes Jahr später nahm sie dann an einem meiner Seminare teil.

Im Sommer 2000 rief auf Empfehlung einer Reiki-Meisterin, die bei mir die Ausbildung zur Geistheilerin absolviert hatte, eine mir unbekannte Frau aus Süddeutschland an, deren Mann sich ein Jahr zuvor selbst getötet hatte. Kurz nach dem Suizid machten die Ehefrau, die sechzehnjährige Tochter und der achtjährige Sohn Erfahrungen mit dem Verstorbenen, die alle an den Rand des Nervenzusammenbruchs brachten. Während die Mutter von unerklärlichen Signalen elektrischer Geräte und dem deutlichen Empfinden der Präsenz des toten Gatten traktiert wurde, erlebten die Kinder ihren Vater sogar optisch und akustisch. Er erschien ihnen immer häufiger und wollte offenbar Kontakt mit ihnen haben, was die Kinder entsetzte und zutiefst verstörte. Am Ende ihrer Kraft bat mich die Frau um Hilfe. Ich behandelte alle Beteiligten – einschließlich dem Verstorbenen – mit einer Ferntherapie, verbesserte die Licht- und Energiesituation in ihrer Wohnung und sprach innerlich mit der Seele des Selbstmörders, um ihm seine Situation bewusst zu machen, seine Wirkung auf die Zurückgebliebenen zu verdeutlichen und ihm den Weg ins Licht zu weisen. Daraufhin blieben seine Besuche für Wochen aus. Noch einmal erschien er seinem Sohn vor dem Schlafengehen. Als der Verstorbene aber die negative Reaktion des Kindes wahrnahm, resignierte er und verschwand wieder, wie der Achtjährige unter Tränen berichtete. Ich wiederholte noch einmal im Rahmen einer Ferntherapie die Reinigungsprozedur, und seitdem gab es keine Kontaktversuche von seiner Seite mehr.

Ab und zu, wenn es die Situation erfordert, führe ich eine besondere Form der Fernheilung durch, bei der mir eine dritte Person als Medium dient. So kommt es vor, dass Schüler von mir in ihrer heilerischen Praxis mit Fällen konfrontiert werden, denen sie sich nicht gewachsen fühlen. Sie bitten mich dann telefonisch oder mittels inneren Rufens um Hilfe.

Miriam S., 63 Jahre alt, litt seit zwei Jahren zeitweise unter schmerzhaften Schwellungen der Augenlider und des linken Hals- und oberen Brustbereichs. Aus unerklärlichen Gründen staute sich dort die Lymphe, und auch intensive Behandlungen in einer Uniklinik brachten keine Besserung. Die Ärzte fanden keine körperlichen Ursachen und erklärten schließlich lakonisch, dass die Gründe der Erkrankung wohl seelischer Natur seien und sie der Patientin nicht helfen könnten. Cornelia, 36 Jahre, die Tochter von Miriam, die ein paar Monate zuvor von mir ausgebildet und initiiert worden war, behandelte ihre Mutter daraufhin durch Handauflegen. Nach der ersten Behandlung verstärkten sich allerdings Miriams Schmerzen zuerst einmal. Verunsichert wandte sich Cornelia deshalb telefonisch an mich. Ich beruhigte sie mit der Erklärung, dass es beim magischen wie beim Geistheilen – genauso wie bei der Homöopathie – gelegentlich zu Erstverschlimmerungen kommen kann, bevor der eigentlich Heilungsprozess beginnt. Anschließend kam ihre Mutter selbst an den Hörer, und ich verdeutlichte Miriam, dass das Lymphgeschehen in ihrem Körper auf eine unbewusste Aggressions- und Abwehrhaltung schließen lasse und fragte sie, was in ihrem Leben ihr Angst mache.

Die erste Reaktion Miriams war blankes Unverständnis. Alles in ihrem Leben, behauptete sie, liefe bestens, und sie hätte keine Erklärung für ihre Erkrankung, die nach längerer Zeit vor drei Tagen wieder ausgebrochen sei. Ich bohrte am Telefon weiter, und plötzlich wurde sich Miriam bewusst, dass sie seit diesem Zeitpunkt die baldige Rückkehr ihrer Vorgesetzten aus dem Urlaub fürchtete. Weiteres Nachfragen meinerseits brachte dann zum

Vorschein, dass Miriam seit längerem unter den Attacken ihrer Chefin litt, und dass auch dem ersten Ausbruch ihrer Krankheit massive und ungerechtfertigte Angriffe dieser Vorgesetzten vorausgegangen waren. Plötzlich fiel es ihr wie Schuppen von den Augen, und sie erkannte den Zusammenhang zwischen ihrem Krankheitsbild – die Lymphe als Teil des Immunsystems unseres Körpers steht symbolisch für Aggression und Abwehr äußerer Feinde – und dem Mobbing im Büro. Um Miriam im Moment zu helfen, forderte ich Cornelia, ihre Tochter, auf, sofort eine Heilsitzung mit Handauflegen durchzuführen, bei der ich sie unterstützen wollte. Dabei projizierte ich einen Teil meiner Geistform in ihre Aura, und ein Hellsichtiger hätte wahrgenommen, dass nun eine schemenhafte, sie überragende Gestalt hinter Claudia stand, von der ein Kraftstrom in Claudia einströmte, den sie auch sehr deutlich spürte, wie sie mir hinterher bei einem erneuten Telefongespräch freudig berichtete. Auch ihre Mutter hatte den Unterschied in Form von wesentlich mehr Energie, die plötzlich durch ihrer Tochter Hände floss, stark gespürt, und es ging ihr schlagartig viel besser. Der Druck in ihrem Hals und in ihrer Brust war verschwunden, die Schwellung war allerdings noch vorhanden. Ich erklärte Miriam, dass zu deren Abbau noch mehrere Heilbehandlungen durch ihre Tochter nötig seien und es ihr außerdem auch nicht erspart bliebe, an ihrem seelischen Thema, das die Krankheit spiegelte, zu arbeiten.

Diese Form der „Besetzung“ oder „Überlappung“ durch eine andere Geistpersönlichkeit ist nur dann erlaubt, wenn alle Beteiligten damit einverstanden sind und dabei die göttlichen Gesetze gewahrt bleiben. Andernfalls wäre es ein gravierender Verstoß gegen das Freiheitsrecht des Betroffenen, wäre dem schwarz-magischen Bereich zuzuordnen und hätte schwer wiegende karmische Konsequenzen für den Täter zur Folge.

11.

Kontrolle ist gut, Vertrauen ist besser

Als ich Gabi F., 25 Jahre alt, kennen lernte, hatte sie gerade eine unangenehme Nachkontrolle im Krankenhaus hinter sich, die zum Ergebnis hatte, dass man ihr dringend zu einer erneuten Operation riet, da sie ansonsten binnen eines halben Jahres sterben würde. Gabi litt seit Jahren an einem Rückenmarkkrebs und hatte bereits eine schwere Operation überstanden. Das Rückgrat spiegelt das Selbstbild und den Selbstwert eines Menschen, und wenn man jemandem „das Kreuz bricht" oder von jemandem sagt, dass er „kein Rückgrat habe", dann kündigt man damit an, dem Betreffenden seine Selbstachtung zerstören zu wollen bzw. sagt, dass derjenige sich allem und jedem beuge und deshalb charakterlos sei. Ein aufrechter Gang wird unbewusst immer als ein Indiz für Selbstsicherheit, Würde und Charakterstärke gewertet. Ein gebrochener Mensch ist ein Mensch mit zerstörter Persönlichkeit; und vieles hatte bereits in jungen Jahren das Selbstvertrauen und die Lebensbejahung von Gabi zerbrechen lassen. Sexueller Missbrauch, ein liebloses Elternhaus, Drogen- und Sex-Exzesse mit der Tendenz zu Sadomasochismus waren die traurigen Ursachen und Signale einer sehr verwundeten Seele, die auf der Suche nach Erlösung war. Nun hatte man im Krankenhaus ein erneutes Wachstum des Krebses diagnostiziert und Gabi bezüglich einer baldigen weiteren Operation massiv unter Druck gesetzt. Aber die junge

Frau wollte nicht mehr und suchte nach alternativen Methoden und Möglichkeiten. Und so kam sie zu mir.

Wir arbeiteten in den nächsten Monaten zusammen die unschönen Geschichten ihrer Kindheit und Jugend auf, und in jeder dieser Sitzungen flossen viele bittere Tränen. Sie spürte sehr viel von den Heilenergien, die ich auf sie übertrug, und wurde von Tag zu Tag zuversichtlicher. Dann kam ein schwerer Rückschlag, als man ihr seitens des Krankenhauses Röntgenbilder mitgab, die scheinbar das erneute Krebswachstum eindeutig belegten. Ich schaute mir diese Bilder auch genau an und tatsächlich, im Wirbelkanal, in Höhe des Nabels, zeigte sich ein bedrohlicher, fast schwarzer Pfropf, der nichts Gutes verhieß. Ich hörte in mich hinein, aber da war eine andere Information, die besagte, dass es sich dabei um Füllgewebe und nicht um Krebsgewebe handelte. Das sagte ich meiner Patientin auch, und sie entschloss sich, auf Geistiges Heilen zu setzen und eine zweite Operation weiter abzulehnen. Darüber hinaus überzeugte sie mein Argument, dass, wenn es sich dabei wirklich um Krebsgewebe handeln würde, sie schon längst vom Nabel abwärts gelähmt sein müsste, denn ein Tumor hätte sicherlich die in den Unterleib führende Information des zentralen Nervenkanals unterbrochen. Es ging ihr aber seit Aufnahme der Lichtbehandlungen so gut wie schon seit Jahren nicht mehr, und ihre vorher vorhandenen Schmerzen waren inzwischen verschwunden. Auf mein Anraten hin ließ Gabi sich ein paar Monate später noch einmal klinisch untersuchen. Nun war plötzlich von Krebs keine Rede mehr. Man sprach von natürlichem Gewebewachstum und der Möglichkeit, dass man sich damals getäuscht hätte. Ihr unerschütterliches Vertrauen in meine Behandlung hatte sich ausgezahlt, und so lebt Gabi heute in einer festen Beziehung, ohne weitere Gedanken an ihre alte Krankheit zu verschwenden.

Nun glaube niemand, dass ich als Heiler medizinische Behandlungen und Operationen für falsch oder überflüssig hielte. In meinem eigenen Fall erlebte ich, dass mir die Schulmedizin mehrfach das Leben rettete. Ein Nierenstein konnte nur durch Ultraschall gesprengt, eine schwere Lungenentzündung mit gleichzeitiger Vereiterung der Bronchien nur durch massive Dosen von Antibiotika geheilt werden, und ein faustgroßer, bösartiger Tumor, der jeden Moment zu einem Darmverschluss hätte führen können, konnte nur durch eine sofortige Operation entfernt werden. Allerdings brach ich eine mehrmonatige intensive Chemotherapie gleich zu Beginn wieder ab, da ich sie als nicht hilfreich und eher problemverschärfend empfand und vertraute darauf, dass ich gesund sei, da ich mich nachträglich intensiv mit der Botschaft meiner Krankheiten auseinander gesetzt hatte. Ich begriff, dass meine Struktur diesen Weg der Erlösung gefordert hatte. Wer mich kennt, weiß, dass ich eine (willens)starke Persönlichkeit bin. Dadurch bin ich aber auch stark in meinem Schattenbereich und damit in meinen Widerständen. Und auf einen groben Klotz gehört bekanntlich ein grober Keil, das heißt, ich „brauchte" geradezu die Erfahrung starker Schmerzen und großer Schwäche, um mich selbst zu erkennen und verändern zu können. Ich verzichtete aber nach der ersten auf weitere Kontrolluntersuchungen meines Darmes, da ich nicht an eine willkürliche oder von meinem Körper gesteuerte Wiedererkrankung glaube und der festen Überzeugung bin, die Ursache erkannt und behoben und damit das Signal, den Krebs, überflüssig gemacht zu haben.

Ende der 80er-Jahre brachte mir einer meiner Schüler seinen Bruder Volker, der an AIDS erkrankt war. Der hübsche junge Mann war homosexuell und in der Szene angesteckt worden. Die Krankheit befand sich zu diesem Zeitpunkt im Anfangsstadium, und abgesehen von schwachen Fieberschüben hatte der Kranke noch nicht viel zu leiden. Es war unser erster HIV-Infizierter, und die

Aufregung und die Angst der Praxis-Mannschaft, sich anzustekken, war groß. Zumal man damals noch nicht so viel über die Rahmenbedingungen und Gefahren einer Ansteckung wusste wie heute. Einige unserer Mitarbeiter befürchteten, sich schon durch einfachen Hautkontakt beim Händeschütteln oder durch Tröpfcheninfektion beim Sprechen, Niesen oder Husten infizieren zu können. Heute wissen wir, dass sich der Erreger hauptsächlich durch den unmittelbaren Kontakt mit Körperflüssigkeit eines Erkrankten überträgt, und dass er nur über eine bestehende Verletzung in den Blutkreislauf und damit in den Organismus anderer eindringen kann. Bezeichnenderweise ist neben dem Blut die männliche Samenflüssigkeit einer der Hauptträger des Virus. AIDS-Infizierte erleben häufig, dass ihre Umgebung sie aus Angst ausgrenzt, und so wurden diese Kranken bald zu den modernen Aussätzigen unserer Gesellschaft. Volker lebte und arbeitete in Frankreich und wollte bald dorthin zurückkehren. Somit hatte ich nicht genügend Zeit, die dauerhafte Wirkung geistigen Heilens auf dieses Krankheitsbild zu beobachten. Die Chakra-Therapien taten ihm sehr gut, aber festzustellen, wie das Licht aus meinen Händen in einem solchen Fall auf Dauer wirken würde, blieb mir leider verwehrt.

Von Rosalyn Bruyère, der amerikanischen Heilerin aus Florida, weiß ich aber, dass sie über längere Zeit AIDS-Gruppen betreut und begleitet hat, und dass die Todesrate in diesen Gruppen signifikant zurückging und sich das Allgemeinbefinden des Einzelnen deutlich verbesserte. Auch hatte ich keine Angst vor „zufälliger“ Ansteckung, und so war es für mich normal, den Kranken, der mir bald sehr vertraut und nah war und für den diese liebevolle Geste sehr wichtig war, beim Abschied zu umarmen und auf die Wange zu küssen. Die meisten unserer Mitarbeiter allerdings versuchten, trotz beruhigender Versicherungen durch mich und meine Frau, Begegnungen oder gar engerem Kontakt mit Volker tunlichst aus dem Weg zu gehen und waren, nachdem der Kranke die

Praxis wieder verlassen hatte, sehr besorgt darum, die Liege, das WC und das Labor schnell zu desinfizieren. In solchen Fällen „tödlicher Bedrohung“ ist esoterisches Wissen meistens schnell vergessen. Dann regiert häufig nur noch die Angst. Es ist eben im Zweifelsfall leicht zu sagen, aber schwer zu leben, dass man Vertrauen in sein Schicksal haben soll und einen nichts „zufällig“ treffen kann. So versuche ich wirklich, das, was mich trifft, auch anzunehmen als das, was ich (unbewusst) wollte und Vertrauen zu haben in den Plan meines Höheren Selbst.

An einem sonnigen Frühlingstag kam Carola, 20Jahre alt, in unsere Praxis. Sie ging am Stock, da sie zunehmend unter Gefühllosigkeit und an Lähmungserscheinungen in den Beinen litt. Insbesondere das rechte Bein war betroffen, so dass sie bereits das Streichen und Drücken der Fußsohle nicht mehr spürte. Die Ärzte in der saarländischen Uniklinik vermuteten Multiple Sklerose und wollten zum endgültigen Nachweis der Krankheit eine Rückenmarkspunktur machen. Aus Angst vor eventuellen Folgeschäden dieses nicht ungefährlichen Eingriffs hatte Carola das abgelehnt und suchte nun bei uns Rat und Hilfe.

Multiple Sklerose ist eine Krankheit des Zentralnervensystems. Sind dabei die Beine betroffen, so signalisieren diese Erkrankung und die betreffenden Symptome, dass man seelisch in Zwänge eingebunden ist, nicht mehr ein noch aus weiß, nicht mehr mithalten, aber auch nicht mehr davonkommen kann (vgl. R. Dahlke, Krankheit als Symptom). Unser Nervensystem dient der Kommunikation unseres Körpers, und so deuten die vielen Verhärtungen in den befallenen Nerven auch dadurch auf eine Kommunikationsblockade des Betreffenden in den genannten Bereichen hin. Tatsächlich waren auch Carolas Steiß- und ihr Solarplexus-Chakra blockiert, als ich sie erstmals untersuchte, was auf Probleme ihrer Selbstverwirklichung in der Materie hindeutete. Ich hatte im Laufe der Zeit einige Patienten mit diesem Krankheitsbild erlebt. Eines war ihnen allen gemeinsam: Ihre gegen sich selbst gerichtete Aggression, ihr Perfektionismus und ihre Angst vor Kontrollverlust. Carola machte da keine Ausnahme.

Als Therapeut rät man solchen Menschen, zu lernen, das Leben so zu nehmen, wie es kommt, „Ihm“ zu vertrauen, „Seinen Willen geschehen zu lassen“ und nicht Kontrolle über alles und jeden auszuüben. Interessanterweise entwickelte Carola als Heranwachsende, wie sie mir im Verlauf der ersten Sitzungen berichtete, paranormale Fähigkeiten, die scheinbar im Widerspruch zu ihrer Psychostruktur standen. Sie hatte präkognitive Visionen und entdeckte ihre Begabung, mittels seelischer Kräfte Materie zu beeinflussen und ihre Form zu verändern. So sah sie als Jugendliche eines Tages im Fernsehen den Paranormalen Uri Geller Löffel verbiegen, sprach „Das kann ich auch“ und war zur großen Verblüffung ihrer Umwelt von da an in der Lage, die Struktur der in diese Form gepressten harten Metalle so weich und biegsam zu machen, dass sie Gabel oder Löffel ohne jegliche Kraftanstrengung mehrmals um sich selbst biegen konnte.

Es war ihr also möglich, die Härte des Metalls zu verändern, aber nicht die Härte, Sturheit und Starrheit in der eigenen Persönlichkeit zu erlösen. Das, was sie innerlich hätte tun sollen, verlagerte und projizierte sie nach außen. Statt selbst weich und nachgiebig zu werden und seelisch loszulassen, zwang sie stellvertretend die Materie ihrer Demonstrationsobjekte dazu. Nach vielen Gesprächen, die allmählich ihre starren Positionen lockerten, und meiner eindringlichen Empfehlung, diese magischen Experimente künftig zu unterlassen, zeigten meine Energiebehandlungen immer größere Wirkung. Nach etwa einem halben Jahr waren die Lähmungserscheinungen und die Gefühllosigkeit in Carolas Beinen gänzlich verschwunden und sind seitdem nicht mehr aufgetreten.

12.
Am Widerstand wachsen

Jede Schöpfung ist Ausdruck der Zweiheit von Schöpfer und Geschöpf und trägt deshalb dieses Prinzip der Dualität auch von Beginn an in sich. Im All halten sich Materie und Antimaterie die Waage. Dem positiven Atomkern steht die negative Elektronenhülle gegenüber. Mann und Frau, Licht und Dunkel, Gut und Böse: Die Liste der Gegensatzpaare, die das Feld unseres Erlebens ausmachen, ließe sich endlos verlängern. Bei allem, was wir tun, bewegen wir uns immer im Spannungsfeld der dualen Pole, müssen wir uns für rechts oder links, oben oder unten und ja oder nein entscheiden. Auch unsere Seele ist dual, und so trägt jeder von uns Christus und Satan gleichzeitig in sich. So wenig wie es Licht ohne Dunkel geben kann, so wenig kann es den einen ohne den anderen geben, wobei jeder von beiden ein archetypischer Repräsentant der die Schöpfung kennzeichnenden Pole ist. Doch die Verantwortung, welchem Pol wir zuneigen, welches Prinzip wir verwirklichen wollen, verbleibt immer bei uns. Christus repräsentiert den zu Gott und damit zurück in die Einheit strebenden Geist und Satan den verneinenden, wider- und wegstrebenden Aspekt. Nicht umsonst nennt die christliche Religion Satan den Widersacher. Doch auch er dient dem letzten Ziel, wie Goethe es in seinem Faust so treffend formuliert hat. Esoterisch ausgedrückt, lautet das entsprechende Gesetz: Eine Kraft braucht zu ihrer Offenbarung immer eine Gegenkraft in Form eines Widerstandes. Erst die Überwindung der Widerstände in unserem Leben lässt uns dann körperlich und seelisch wachsen. Und so dient uns der Widersacher auf unserem Weg zurück ins Licht.

So betrachtet, sind Krankheiten äußere Signale innerer Widerstände, und deshalb erleben wir bei Kindern und Erwachsenen häufig, dass sie nach Überwindung einer Krankheit verändert, d.h. reifer und bewusster geworden sind. Auf der Ebene der Natur begegnen wir dieser Dualität im Großen wie im Kleinen und sprechen beispielsweise von positiven, rechts drehenden und negativen, links drehenden Objekten, elektromagnetischen Feldern oder Orten der Kraft. Dazu zwei Beispiele.

Die Mutter einer meiner Patientinnen war gestorben und hatte ihrer Tochter unter anderem eine wertvolle Perlenkette hinterlassen. Die junge Frau hatte schon lange mit diesem Schmuckstück geliebäugelt und war sehr glücklich, es nun ihr Eigentum nennen zu können. Aber die Freude war nur von kurzer Dauer. Als sie die Kette anlässlich eines Opernbesuches erstmals anlegen wollte, konnte sie das Collier keine fünf Minuten um den Hals liegen haben. Es war so, als wenn ihr der Hals zugeschnürt würde, ein sehr unangenehmes Gefühl, das sofort verschwand, als sie die Perlenkette wieder ablegte. Ein erneuter Versuch, ein paar Tage später, führte zum gleichen Ergebnis. Der Frust meiner Patientin war groß. Nun besaß sie endlich das Objekt ihrer Begierde und konnte es unerklärlicher Weise nicht tragen. So brachte sie die Kette bei ihrem nächsten Besuch mit, damit ich einmal nach dem verflixten Ding schauen sollte.

Mit Hilfe des Pendels demonstrierte ich ihr, dass das Perlen-Collier stark links drehend war. Linksdrehung ist immer ein Indiz für das negative oder widerstrebende Prinzip; und das bestätigte sich auch in diesem Fall. Die Mutter meiner Patientin hatte in ihren letzten Lebensjahren unter starken Depressionen gelitten.

Eine Depression ist gewissermaßen eine Verneinung der Freuden des Lebens, ein Widerstand gegen die Positivität und das Licht. Folgerichtig ziehen sich Depressionskranke oft in das Alleinsein ihres Bettes und die Dunkelheit ihres Schlafzimmers zurück. Da die Kranke bis zu ihrem Lebensende eine Vorliebe für dieses Schmuckstück hatte, übertrug sich die Energie ihrer depressiven Grundstimmung auf die Perlenkette, die daraufhin links drehte. Das Kehl-Chakra ist nun rechts drehend; und so neutralisierten sich beide Drehrichtungen, das Chakra blockierte, was meine Patientin als Druck- und Würgegefühl wahrnahm. Ich veränderte durch das Licht aus meinen Händen die Drehrichtung der Kette und forderte die junge Frau auf, sie jetzt noch einmal anzulegen. Dann fuhr ich in meiner Behandlung ihrer Beschwerden fort. Erst bei der Verabschiedung wurde ihr plötzlich bewusst, dass sie die Perlen nun schon fast eine Stunde lang trug und keinerlei Beeinträchtigung mehr empfand.

Die Radiästhesie beschäftigt sich mit dem Aufspüren von Störfeldern, die sich, wie im Fall von Wasseradern, sehr negativ auf das Befinden und die Gesundheit derjenigen auswirken können, die längere Zeit ihrem Einfluss ausgesetzt sind. Normalerweise benutzt man zu ihrem Nachweis eine Wünschelrute. Ich nehme dazu meinen Pendel, der mir durch starke Linksdrehungen die Position und den Verlauf der Wasseradern verrät. Im 5. Kapitel berichte ich von Klara, die durch den Besuch eines französischen Magnetiseurs in einen für sie letztlich positiven Prozess gestürzt wurde. Auch in ihrem Fall spielte der Einfluss mehrerer Wasseradern unter dem Haus ihrer Eltern, wo sie zu der Zeit noch lebte, eine große Rolle. Ein erstes deutliches Anzeichen dafür war die Tatsache, dass die im letzten Termin geöffneten Chakras beim folgenden wieder blockiert waren, was sonst selten geschah und meistens auf externe Faktoren zurückzuführen war, die zwischen den Terminen ihren negativen Einfluss ausübten. Die Erfahrung hatte mich gelehrt, dass das häufig die Auswirkung von Wasseradern unter dem Schlafbereich der betreffenden Person war. Ein unruhiger und zu kurzer Schlaf, sich zerschlagen fühlen nach dem Aufstehen, Kopfschmerzen oder kalte Füße waren noch die harmlosesten Auswirkungen dieser Strahlenfelder. Schwere Krankheiten bis hin zum Krebs können die wesentlich schlimmere Konsequenz sein. Viele Paare, die auf Grund mangelhafter Tätigkeit der Geschlechtsdrüsen des Mannes, was sich an der unzureichenden Produktion überlebensfähiger Spermien zeigt, unter Kinderlosigkeit leiden, ahnen nicht, dass auch dafür der negative Einfluss von Wasseradern mitverantwortlich sein kann. Links drehende Störfelder blockieren die rechts drehenden und verstärken die links drehenden Chakras übermäßig. Die endokrinen Drüsen unseres Körpers sind nun gewissermaßen der verlängerte Arm der Chakras, und so kann das Drüsensystem und der Hormonhaushalt von Mensch und Tier durch diese Erdstrahlung gehörig durcheinander geraten, weshalb beispielsweise Pferde, Kühe und Hunde diese Felder meiden, Katzen sich aber von ihnen angezogen fühlen. Deshalb beobachteten Bauern früher ihre Tiere und wussten dadurch, wo sie ungefährdet ihr neues Haus oder einen Stall bauen konnten.

Was kann man nun gegen Wasseradern und ihren negativen Einfluss tun? Im Falle von Klara löste sich das Problem dadurch, dass ihre Eltern bald darauf das Haus verkauften und die Familie umzog, worauf es ihnen allen schlagartig besser ging. Das ist aber normalerweise nicht möglich; und so reicht es oft, die Betten umzustellen oder den Schlafraum zu wechseln. Wo das nicht geht, empfehle ich den Einsatz von faustgroßen Bergkristallen, die unter den Betten zu platzieren sind und links drehende Felder umdrehen oder zumindest neutralisieren können. Allerdings müssen die Kristalle regelmäßig unter fließendem Wasser – am besten wäre Quellwasser – gereinigt und in der Sonne aufgeladen werden.

13.
Wenn Geistheiler mit den Füßen therapieren

Neben den sieben Haupt-Chakras hat der Mensch noch so genannte Neben-Chakras. Die wichtigsten sind in den Händen, den Knien und in den Füßen. Während die Haupt-Chakras in den Spektralfarben schwingen, werden die genannten Neben-Chakras vom weißen Licht regiert. Das weiße Licht umfasst alle Farben, und deshalb kann der Heiler beim Handauflegen alle Frequenzen abstrahlen. Und tatsächlich gibt es daher auch Heiler, die ihre Patienten mit den Füßen therapieren.

In den Händen und Füßen spiegelt sich der ganze Mensch, was man sich u.a. auch bei der Fußreflexzonen-Massage zu Nutze macht. Ich nutze diesen Umstand, um bei meinen Patienten den Fluss der Energie im Körper und in den Chakras zu kontrollieren. Die Fußspitzen sind energetisch mit dem Kopfbereich verbunden, und wenn ich nun „Strom“ durch die Füße meines Patienten nach oben schicke, muss in seinem Kopf spürbar „das Licht angehen“. Es sei denn, eines der Haupt-Chakras ist blockiert, was durch ein Staugefühl im darunter liegenden Körperbereich signalisiert wird. Im 5. Kapitel schildere ich die psychologische Spiegelung der Haupt-Chakras. Aber auch die Neben-Chakras sagen etwas über die Seelenlage des Betreffenden aus. So stehen beispielsweise die Knie-Chakras für das Prinzip der Demut bzw. des Hochmuts.

Wenn wir aus freien Stücken vor etwas oder jemandem knien, so drücken wir damit unsere Anerkennung und freiwillige Unterwerfung gegenüber einem höheren Wesen oder Prinzip aus. Wird jemand in die Knie gezwungen, so soll der Betreffende klein gemacht und einer größeren Macht unterworfen werden. Wenn unser Karma uns ein schweres Schicksal bereitet, dann hadern wir und fühlen uns vom Leben in die Knie gezwungen. So spiegeln Knieerkrankungen ebenso wie die blockierten Chakras unsere falsche Einstellung zur Demut bzw. unser Unvermögen, uns zu unterwerfen und drücken damit den Widerstand unseres Egos gegen eine Forderung des Lebens aus. Dazu ein erläuterndes Beispiel.

Hannelore B., 59 Jahre alt, kam zu mir, weil sie von meinen Seminaren gehört hatte und die Heiler-Initiation anstrebte. Bevor ich nun jemanden initiiere, prüfe ich in einem längeren Vorgespräch die Motivation und die seelische und körperliche Gesundheit des Kandidaten. Hannelore erzählte mir, dass sie seit Wochen Schmerzen im Lendenwirbelbereich hatte, ohne dass ärztlicherseits ein Befund möglich war. Man vermutete einen leichten Bandscheibenschaden, ohne ihn eindeutig nachweisen zu können. Als ich sie zu Beginn der Therapie auspendelte, stellte ich fest, dass das Knie- und das Sexual-Chakra, das für die Lebensfreude steht, blockiert waren.

Hannelore war eine stolze Frau, erlebte aber immer wieder, dass ihr Schicksal sie in Lebenssituationen führte, die von ihr Zugeständnisse forderten, die sie nur sehr widerwillig akzeptierte. In den letzten Monaten musste sie nun häufig in der Familie ihrer Tochter einspringen, die gerade ihr viertes Kind zur Welt gebracht hatte. Innerlich warf Hannelore ihrer Tochter vor, sich auf Kosten der Umwelt und insbesondere ihrer Mutter den Traum von einer Großfamilie zu erfüllen. Aber meine neue Schülerin konnte ihre Gefühle und ihre Sicht der Dinge nicht zum Ausdruck bringen, da sie fürchtete, dann in ihrer Familie als lieblos und egoistisch zu gelten und ausgegrenzt zu werden. Nun war sie im Zwiespalt und signalisierte ihre Überforderung durch die Kreuzschmerzen, denn sie wollte sich ja nicht beugen. Ich erklärte ihr die Zusammenhänge, öffnete die blockierten Energiezentren und gab ihr dann eine Chakra-Therapie. Als ich ihr die Knie behandelte, kam es in ihr – wie sie mir anschließend berichtete – zu einem plötzlichen Sinneswandel, und sie erkannte, was für eine Bereicherung ihres Lebens doch ihre Enkel im Grunde genommen für sie waren. Daraufhin verstärkte sich nach ihrem eigenen Empfinden der Energiefluss aus meinen Händen. Das Licht strömte von den Knien aufwärts in Hannelores Rückgrat, das sich daraufhin – wie sie es empfand – dehnte und streckte und ihre Schmerzen schlagartig verschwinden ließ. Demut, das Prinzip, das durch die Knie symbolisiert wird, wird gern als „Mut zum Dienen“ übersetzt. Als sie sich nun fügte und sich statt ihrem Stolz ihrer tätigen Nächstenliebe zuwandte, war der Konflikt in ihr gelöst, und das Symptom konnte verschwinden.

Die Heiler, von denen ich gehört habe, dass sie immer mit den Füßen heilen, leben und arbeiten alle in Asien. Vom Patienten fordert diese Behandlungsposition – er liegt auf einer Matte auf dem Boden, der Heiler sitzt über ihm – viel Selbstüberwindung, Respekt und Demut. Wesenseigenschaften, die vielleicht den Asiaten leichter fallen als uns. Auf jeden Fall könnte ich es mir bei uns in Europa nicht vorstellen. Aber das Heilen mit den Füßen funktioniert genauso gut wie mit den Händen, wie ich es einmal versuchsweise ausprobiert habe.

Hände und Füße sind Körperteile, die in unmittelbarem Kontakt mit unserer irdischen Welt stehen. Mittels der Füße stehen wir auf Mutter Erde und bewegen uns auf ihr fort. Mit den Händen handhaben wir alles Irdische, „machen wir uns die Erde untertan". Zusammen mit der Haut, die als Organ am stärksten mit der Außenwelt und damit allem Irdischen in Berührung kommt, spiegeln Hände und Füße die Probleme, die wir im Erleben und Durchsetzen auf unserem Mutterplaneten und mit allem Physischen haben. Dazu ein erläuterndes Patientenbeispiel:

Rainer S., 36 Jahre alt, war Beamter in untergeordneter Stellung. Tagtäglich musste er sich mit Akten herumschlagen und Vorgänge bearbeiten, die ihn nicht interessierten. Er erlebte sich in seinem Berufsleben absolut unterfordert und fehl am Platze und wäre viel lieber Kunstmaler geworden, was allerdings seine Eltern verhindert hatten. Er fühlte sich so unwohl in seiner Haut, dass er als Reaktion eine extreme Neurodermitis entwickelte, die insbesondere Hände und Füße befiel und so schlimm war, dass er mehrere Monate krankgeschrieben wurde. Nun musste Rainer nicht mehr zur ungeliebten Arbeit gehen, und die verhassten Akten musste er auch nicht mehr in die Hand nehmen. Die besonders stark befallenen Körperteile spiegelten also in ihrer Funktion die Natur seiner inneren Widerstände. Darüber hinaus signalisierte die Hauterkrankung Neurodermitis, dass Rainer eine Grenzproblematik hatte, ist doch die Haut die Grenze unseres Körpers nach außen. Er hatte sich seine Grenzen von seinen Eltern und später von allen, die etwas von ihm erwarteten, zu eng stecken lassen, fühlte sich eingesperrt und wollte sprichwörtlich „am liebsten aus der Haut fahren".

Als ich ihn behandelte, stellte ich fest, dass sein Steiß- und beide Knie-Chakras blockiert waren. Auch auf dieser Ebene demonstrierte er seine Widerstände gegen seine materielle Betätigung und sein Unvermögen, sich zu fügen oder etwas Entscheidendes in seinem Leben zu verändern. Obwohl er auf die Chakra-Therapie und meine Gespräche mit ihm sehr positiv reagierte, trat eine entscheidende Besserung im Krankheitsbild erst dann ein, als er auf meine Empfehlung hin seinem Hobby, der Malerei, einen größeren Stellenwert in seinem Leben einräumte.

14.
Wenn Liebe krank macht

„Liebet mich über alles und euren Nächsten wie euch selbst“ ist die Antwort Gottes auf die Frage, wie wir wieder zurück in die Einheit mit ihm kommen können. All-Liebe, als Ausdruck höchster Bewusstheit, ist also der Schlüssel zur Himmelspforte, die schon deshalb so vielen verschlossen bleibt, weil es ihnen bereits an der notwendigen Selbstliebe mangelt, die nicht mit egoistischer und narzisstischer Selbstvergötzung verwechselt werden darf. Wahre Selbstliebe schließt das Wissen um die göttliche Herkunft unseres Höheren Selbst mit ein. In unserem Wesenskern sind wir eins mit allem, was ist und fühlen uns als untrennbarer Bestandteil der allumfassenden Liebe, die jedweder Schöpfung zu Grunde liegt. Fehlt uns dieses Bewusstsein oder wird es von scheinbar gegenteiligen Lebenserfahrungen überlagert, so haben wir Angst. Angst vor Liebesverlust oder Angst, in unserer Menschlichkeit nicht genügend liebenswert zu sein. Es folgt meist eine zwanghafte Suche nach menschlicher Zuwendung und Akzeptanz, um das eigene Defizit und diese unerträgliche Leere auszufüllen. Daraus entsteht dann häufig ein Teufelskreis von Selbstverleugnung, Abhängigkeit und Ausbeutung, da wir ja nach irdischen Maßstäben gelernt haben, dass alles seinen Preis hat!

Ich lernte Beate Q., eine Fotolaborantin, ganz am Anfang meiner Tätigkeit als Geistheiler kennen. Sie war damals gerade dreißig geworden und die attraktive neue Frau eines guten Freundes, den ich allerdings ein paar Jahre aus den Augen verloren hatte. Arno, ihr Gatte, war ein gut aussehender und charmanter Mann, Anfang vierzig, und ein erfolgreicher Psychotherapeut und Yoga-Lehrer, dem die Herzen der Frauen leicht zuflogen. Und genau das war das große Problem von Beate, seiner Frau.

Als Kind war Beate der erklärte Liebling ihrer Mutter gewesen. Als die aber unerwartet noch einmal schwanger wurde und endlich den lang ersehnten Stammhalter gebar, wurde Beate gnadenlos vom Thron der mütterlichen Gunst gestoßen und dafür der Sohn darauf gesetzt, der von nun an über alle Maßen verwöhnt wurde. In dem jungen und sensiblen Mädchen brach eine Welt zusammen. Von einem Tag zum anderen verlor Beate ihrem Gefühl und Erleben nach die Liebe und die Beachtung ihrer Mutter und entwickelte daraufhin ein starkes Minderwertigkeitsgefühl, das sie aber im Laufe der Zeit mit betont selbstsicherem Auftreten zu kaschieren lernte. Doch das Fundament ihrer Persönlichkeit hatte einen ersten empfindlichen Riss bekommen. In Beziehungen blieb sie entweder kühl distanziert und machte ihren Partnern durch ihre extreme und meistens unbegründete Eifersucht das Leben zur Hölle. Wenn sie sich wirklich verliebte, trat dieses Trauma aus ihrer Kindheit und seine Folgen deutlich zu Tage. Wie sie mir selbst erzählte, hatte sie für sich selbst keinerlei Gefühl und keine Wertvorstellung, und so musste immer der jeweilige Partner dafür herhalten, diese schmerzhafte Lücke in ihrem Selbstwert zu schließen. Das Dumme dabei war nur, dass sich diese Wunde in ihrer Seele nicht schließen wollte und ihre Partner ihren unstillbaren und andauernden Hunger nach Liebesbeweisen bald leid wurden.

Als sie Arno heiratete, war das die große Liebe ihres Lebens, und die ersten Monate ihrer Ehe schwebte Beate auch wie auf

Wolken. Ihr Mann war ein guter und einfühlsamer Liebhaber und schenkte ihr seine ungeteilte Aufmerksamkeit. Aber irgendwann kehrt in jede Beziehung der Alltag ein, und bald wurde die junge Frau Zeuge, wie die Patientinnen ihres Mannes diesen umschwärmten. Gleichzeitig glaubte Beate im Verhalten Arnos ein Abklingen seiner Leidenschaft und seines Interesses an ihr festzustellen. Sie begann ihren Mann, zuerst versteckt, dann aber immer offener, zu kontrollieren und zu überwachen. Arno entging dieses Nachspionieren natürlich nicht, und so stellte er seine Frau zornig zur Rede. Der Konflikt eskalierte. Beate verschlang aus Liebeskummer Unmengen von Schokolade und Pralinen und nahm deshalb bald darauf entsprechend an Gewicht zu. Der Spiegel zeigte ihr dann gnadenlos, dass sie an Attraktivität verlor und ihre Angst, ihren Mann auch deshalb zu verlieren, wurde bodenlos. Dann kam der zu erwartende Zusammenbruch, und Beate fiel zum ersten Mal ins Zuckerkoma. In der Klinik musste sie dann erfahren, dass von jetzt an die Insulinspritze ihre lebenslange Begleiterin sein würde. An diesem Punkt lernte ich sie kennen. Ihr Mann brachte sie zu mir, in der Hoffnung, dass ich ihre immer stärker werdende Depression heilen könnte, denn er war mit seinem Latein am Ende. Es ist ja auch unmöglich, in der eigenen Partnerschaft und als Konfliktpartei gleichzeitig als Therapeut des kranken Partners aufzutreten.

Zuckererkrankung ist also häufig ein Konflikt in der Selbstliebe und im Selbstwert. Die Bauspeicheldrüse und ihre Inselzellen, die das körpereigene Insulin produzieren, versagen ihren Dienst. Das diese Drüse steuernde Energiezentrum ist das Solarplexus-Chakra, das unser Selbstbild und insbesondere unsere Ich-Ängste spiegelt. Dem Blutzuckerkranken fehlt Liebe, besonders die Liebe zu sich selbst, und deshalb besorgt er sich das Ersehnte unbewusst über die Krankheit. Seit ein paar Jahren weiß die Wissenschaft, dass Zuckergenuss im Gehirn einen Stoff ähnlich einer Droge auslöst, der eine beruhigende und besänftigende Wirkung auf die Psyche hat. Deshalb essen junge Damen, die von Liebeskummer geplagt sind, seit Generationen Berge von Süßigkeiten, ohne zu ahnen oder gar zu wissen, warum sie das tun und wieso ihnen das in ihrem Schmerz hilft. Vielleicht erklärt das auch, warum seit Beginn des 20. Jahrhunderts der Alterszucker stetig zunahm. Seit dieser Zeit beobachten wir das Zerbrechen der Großfamilien, wo alle Generationen unter einem Dach lebten. Heute schieben wir unsere Alten in Heime ab und die fühlen sich dann wertlos und ungeliebt und signalisieren das durch die entsprechende Zuckererkrankung.

Beate hatte sich jetzt endgültig in der Schlinge ihrer unerlösten Struktur gefangen. Mehrmals am Tage musste sie nun einen Blutstropfen opfern, den ihr eigener kleiner Computer-Analysator sofort auswertete und der ihr in ungeschminkten Zahlen kund tat, wie hoch ihre Blutzuckerwerte waren, also auch ihr Liebesbedürfnis, und wie viel Insulin sie sich spritzen musste, um das ausufernde Bedürfnis wieder unter Kontrolle zu bekommen. Ihre Bauchspeicheldrüse konnte ich nicht retten, und so wollte ich wenigstens versuchen, ihr bei den seelischen Ursachen zu helfen. Auf die Chakra-Therapien sprach sie gut an, und zu meinem Erstaunen ließ sich das sogar mit Hilfe ihres Blutzucker-Messgerätes nachweisen. Vor und nach jeder Behandlung machten wir eine Messung und erlebten, dass der Zuckerspiegel im Blut nach einer halben Stunde häufig um über 30 % gefallen war. Es spielten dabei zwei Faktoren eine Rolle. Einerseits wirkte meine liebevolle Zuwendung, die sie sichtlich genoss, auf Beates Seele. Andererseits half ihr die Heilenergie, den überschüssigen Zucker rascher abzubauen. Sie lernte, dass ihre ungezügelten Emotionen und ihr zwanghaftes Bedürfnis nach Zuwendung sie ebenso in Gefahr bringen konnten wie ein sich selbst Vergessen und eine persönliche Unterversorgung im Seelischen wie im Körperlichen. Es galt für sie, die

Mitte zu finden und frei zu werden von der Versklavung durch ihre Ängste und Bedürfnisse. Sie musste endlich lernen, selbstgenügsam zu sein und sich selbst zu lieben.

Leider wurde dieser Prozess durch die Scheidung unterbrochen, die von Arno, der zwischenzeitlich eine neue Partnerin gefunden hatte, betrieben wurde. Beate zog daraufhin in eine andere Stadt, die zu weit entfernt war, auf dass wir unsere Sitzungen hätten fortführen können. Ich hoffe, sie hat sich inzwischen selbst gefunden und von ihren Zwängen befreit.

15.
Wenn wir uns selbst Steine in den Weg legen

Steinleiden, wie Nieren- oder Gallensteine, sind in unserer Gesellschaft häufig anzutreffen und für den, der unter entsprechenden Koliken zu leiden hat, alles andere als ein Vergnügen, wovon ich selbst ein Lied singen kann. Psychologisch stehen „Steine" für die Verhärtung in einer Position und treten meiner Erfahrung nach nur dann auf, wenn sich jemand in eine Haltung oder Ansicht verrannt hat oder sich blockiert fühlt und unbewusst keinen anderen Ausweg mehr sieht, als diese Sackgasse in seinem Fühlen und Denken durch ihre „Versteinerung" zu signalisieren. Die Nieren beispielsweise symbolisieren als Doppelorgan im Körper die Dualität. Unter anderem sorgen sie dafür, dass die sauren und basischen Stoffe im Blut im Ausgleich sind. Das Saure steht nun für das männliche und das Basische für das weibliche Prinzip, die in einem harmonischen System gleich stark sind. Da aber in den meisten Menschen das Männliche dominiert, leiden wir häufig auch an einer Übersäuerung des Blutes, was auf Dauer zur Steinbildung in der Niere beiträgt. Wir signalisieren also durch den Nierenstein, dass in uns etwas statisch, festgefahren und damit unveränderlich geworden ist, das dringend in Bewegung gebracht und verändert werden muss. Am eigenen Leib durfte ich diese Erkenntnis recht schmerzhaft erleben.

Seitdem ich ein Mann bin, liebe ich schöne Frauen. Welcher Mann tut das nicht, werden sie fragen, aber bei mir hatte diese optische Fixierung einen Grad erreicht, der mich damals an wichtigen Schritten in meiner Entwicklung hinderte. Ich hatte 1984 auf Grund innerer Botschaften von der Lichtebene meine neue spirituelle Partnerin kennen gelernt, die auch meine Lebenspartnerin werden sollte. Das Dumme war nur, dass sie in ihrem Äußeren überhaupt nicht meinem Frauenbild entsprach. Ich liebte schlanke Frauen. Meine neue Partnerin war - zumindest zu Beginn unserer Beziehung, später änderte sich das – recht korpulent und erinnerte mich unter anderem auch deshalb an meine Mutter. Ich konnte mir anfänglich überhaupt nicht vorstellen, auch eine körperliche Beziehung mit ihr zu führen und wäre am liebsten geflüchtet. Aber da waren meine Botschaften, die das nicht zuließen. Und da war auch meine innere Stimme, die mich auf die Oberflächlichkeit in meiner Haltung hinwies. Schließlich ging es ja auch und insbesondere um innere Werte, und zudem hat jeder Mensch den Partner, der ihm spiegelt, was er noch zu lernen hat. Also biss ich die Zähne zusammen und bemühte mich, meinen deutlich fühlbaren Widerstand zu überwinden. Aber so leicht geben gravierende und über viele Leben gepflegte Strukturen und Geschmacksmuster nicht auf. Während ich also im Tagesbewusstsein bemüht war, eine möglichst harmonische Beziehung aufzubauen und zu leben, empfand ich unbewusst nach wie vor ein großes Defizit in Bezug auf meine sexuellen Träume und Vorstellungen. Mein Ego stellte sich quer, wollte einfach nicht von seinem "Frauenbild“ lassen; und so drückte sich meine innere Blokkade bald darauf durch einen großen Stein in meiner rechten (= männlichen!) Niere aus, der wie ein Korken in der Flasche im Harnleiter festsaß, so daß es zu einem immer stärkeren Rückstau des Urins kam. So wie ich in meinem Denken und Fühlen durch das Festhalten an einem überholten Frauenbild in meiner Evolution gehindert war, so blockierte der Stein den Fluss dieses besonderen Saftes und damit die Entwässerung meines Körpers. Nicht umsonst sagt man, dass Wasserlassen etwas mit Loslassen zu tun hat! Die Schmerzen wurden immer stärker, mein Widerstand auch! Mit meiner ganzen Kunst versuchte ich, mich selbst zu heilen und den Stein zu zerstören bzw. aufzulösen. Fast eine Woche hielt ich die ständig schlimmer werdenden Koliken aus, bis ich eines Nachts von den stärksten bisher erlebten Schmerzen geweckt wurde, mich noch in die Küche schleppte und dort erlebte, wie ich meinen Widerstand und meine Kontrolle total verlor. Jeder Muskel meines Körpers zitterte wie Espenlaub. Es war wie ein mächtiges Erdbeben in meinem Körper, das aber trotz meiner intensiven Selbstsuggestionen einfach nicht zur Ruhe kommen wollte. Als ich mich schließlich nach über einer Stunde Kampf geschlagen gab und mich innerlich bereit erklärte, am nächsten Tag zum Urologen zu gehen, verschwanden die Schmerzen von einer Minute zur anderen. Als der Arzt das Röntgenbild auswertete, den Stein und den massiven Harnrückstau erblickte, schlug er fast die Hände über dem Kopf zusammen und fragte mich, wie ich das überhaupt ausgehalten hätte und warum ich nicht schon vor Tagen gekommen sei. Ich überging diese Frage geflissentlich. Schließlich gingen ihn meine Dummheiten nichts an. Die wollte ich nur mit mir alleine ausmachen.

In der Uniklinik wurde mein Nierenstein mit einem hochmodernen Ultraschallgerät zerstört. Zwei junge spezialisierte Ärzte steuerten gefühlvoll diesen fast zwei Millionen Mark teuren Apparat, wie mir einer der beiden stolz erzählte. Ich musste mit der Hüfte bis zum Rippenansatz ganz ruhig und unbeweglich in einem den Schall leitenden Wasserbecken liegen, denn bei der Justierung der Wellen, die sich exakt im Zentrum des Steins treffen sollten, ging es um Bruchteile von Millimetern. Es war ein sehr seltsames Gefühl, als die Schallwellen in mir begannen, den Stein zu zertrümmern. Tief in mir drin begann es plötzlich zu hämmern und zu bohren, und ich hatte währenddessen die bildhafte Vorstellung von Heinzelmännchen, die in meinem Körper dabei waren, mit Hammer und Meißel einen riesigen Fels zu zerschlagen. Bei der Kontrolluntersuchung am folgenden Tag erlebten mein Urologe und ich dann aber eine unangenehme Überraschung. Das neue Röntgenbild zeigte zwar, dass der Stein im Harnleiter verschwunden war, dafür entdeckte er plötzlich zwei Finger breit daneben im Nierenbecken einen weiteren, gleich großen, der ebenfalls den Abfluss zu blockieren drohte. Ich war wie vor den Kopf geschlagen und sehr wütend auf den Arzt. Hätte er diesen zweiten Stein nicht schon vorher entdecken können, so daß man ihn in der Klinik gleich hätte mit zertrümmern können? Der verunsicherte Urologe zeigte mir noch einmal die alten Röntgenbilder und tatsächlich, da war kein zweiter Stein! Verblüfft nahm ich mir vor, dieses Rätsel mit Hilfe meiner jenseitigen Freunde zu lösen. Da ich in dieser Angelegenheit zu emotional war und mir selber nicht traute, führte ich kein inneres Gespräch, sondern ging zu einem meiner Schüler, der ein sehr gutes Medium war. Dort musste ich von meinem Geistführer hören, dass alles seine Richtigkeit habe. Ich hätte ja inzwischen erkannt, was mir mein Unterbewusstsein mit Hilfe meines Körpers sagen wollte, so daß das Signal jetzt überflüssig sei und sich der noch vorhandene Stein nun von selbst auflösen würde. Bei der letzten Nachuntersuchung, zehn Tage später, wurde auf meinen Wunsch hin ein letztes Röntgenbild angefertigt. Überrascht stellte der Arzt fest, dass der Stein im Nierenbecken verschwunden war. Ich konnte nur den Kopf schütteln, als er mich fragte, ob ich seit der letzten Untersuchung beim Wasserlassen etwas gespürt hätte. Denn normalerweise ist auch der Abgang von Gries oder zertrümmerten Steinteilchen sehr schmerzhaft, weil die scharfen Kanten die empfindliche Haut im Harnleiter aufreißen, der dann oft blutet. Der zweite Stein blieb spurlos verschwunden, und seitdem hatte ich nie wieder Nierenprobleme. Als ich mich Jahre später aus anderen Gründen von meiner Frau trennte, war sie es, die meinte, dass wir zumindest beim Sex keine Probleme gehabt hätten. Dem konnte ich inzwischen nur noch zustimmen. Doch ich erinnere mich noch heute sehr gut daran, dass ich fast fünf Jahre brauchte, um diesen Schritt machen und meine Programme ändern zu können.

Heinz F., 49 Jahre alt und Fliesenleger von Beruf, kam wegen massiver Gallenbeschwerden zu mir. Er wusste, dass er Gallensteine hatte, wollte sich aber nicht operieren lassen. Ich erklärte ihm, dass die Galle viel mit unserer Aggression zu tun hat, dass wir, wenn uns „die Galle überläuft", zornig und laut werden und somit dieses Gefühl nicht unterdrücken, sondern es nach außen bringen müssen, damit es sich nicht gegen uns selbst richten und uns dadurch schaden kann. Ich hatte diese Formulierung durchaus mit Bedacht gewählt, war er doch die perfekte Darstellung des unterdrückten Mitarbeiters und geschlagenen Ehemannes. Klein und zierlich von Statur und mit grauen und eingefallenen Wangen, saß er wie ein Häufchen Elend vor mir. Im Betrieb war er für alle der Fußabtreter und am Abend zu Hause wartete eine Walküre von Ehefrau auf ihn, um den Rest von Selbstachtung zu zerstören, der dem armen Mann tagsüber noch geblieben war. Ich konnte es kaum glauben, aber er berichtete mir mit Tränen in den Augen, dass ihn seine Frau schon häufiger verprügelt habe, er sie aber zu sehr liebe, um sie zu verlassen. Er war einfach zu schwach, um sich gegen die Bosheiten seiner Umwelt zur Wehr zu setzen. Aber tief in seinem Innersten musste es Widerstand gegen diese Vergewaltigung seiner Person und eine gehörige Portion Wut geben, die nur nicht nach außen kanalisiert, sondern die tief in seinem Innern abgekapselt wurde, da seine Angst noch größer war als sein Zorn, und die nun als Signal der unterdrückten Gefühle seine Gallensteine geschaffen hatte. Mit Hilfe von Chakra-Therapien gab ich ihm den Mut und das Selbstvertrauen, tiefer in sein Unterbewusstsein zu steigen und sich auf die Suche nach seiner Wut zu machen. Dort begegnete er einem flammenspeienden

Ungeheuer, das er selbst war, und das alles verbrannte, was sich ihm in den Weg stellte. Er fühlte sich bei diesem Trance-Erlebnis außerordentlich wohl, und als ich ihn noch aufforderte, nun seine Gefühle auch einmal lautstark zu äußern und wie das mächtige und starke Ungeheuer in ihm zu brüllen, tat er dies so extrem und nachhaltig, dass zwei Stockwerke tiefer wartende Patienten das Wartezimmer fluchtartig verließen und nur mühsam beruhigt werden konnten. Ich ließ Heinz in den kommenden Wochen noch häufiger die Kraft seiner inneren Wut erleben, und er gewann immer mehr Selbstvertrauen und Mut. Als er seinem Chef zum ersten Mal in seinem Leben wegen unbezahlter Überstunden die Meinung sagte, wusste ich, dass er auf dem Weg der Heilung war; und als er dann eines Tages vor Freude strahlend zu mir kam und mir berichtete, dass er „seine Alte“ am gestrigen Abend übers Knie gelegt und der total Überraschten so das nackte Hinterteil versohlt habe, dass sie heute Morgen nicht sitzen könne, fing ich schon an, mir Gedanken zu machen, ob ich hier nicht des Guten zu viel getan hatte. Aber als er meinen Gesichtsausdruck sah, klopfte er mir beruhigend auf die Schulter und meinte, dass das anschließende Frühstück so harmonisch wie schon seit Jahren nicht mehr verlaufen sei; und dass er heute Abend mit ihr ganz groß ausgehen wolle, um seinen Sieg über die Angst zu feiern. Die Schmerzen in seiner Galle seien übrigens so gut wie weg und er danke mir auch recht schön, dass ich ihm ein neues Leben geschenkt habe. Heinz kam noch einige Male, aber die Schmerzen waren verschwunden. Neulich sah ich ihn und seine Frau zufällig auf der gegenüberliegenden Straßenseite und hatte den Eindruck, als wenn er gewachsen wäre. Auf jeden Fall erinnerte nichts mehr an das eingeschüchterte Häufchen Elend, das einmal vor mir gesessen hatte.

16.
Phantomschmerzen – Signale aus dem Nichts

Dank der Visionen von Mystikern, durch die Berichte von klinisch Toten, die reanimiert wurden, und nicht zuletzt aus den Erzählungen der Religionen wissen wir, dass wir im Jenseits ebenfalls über einen Körper verfügen. Die Schilderungen über die Natur dieser Körper sind sehr unterschiedlich und reichen von Beschreibungen solcher, die unserem irdischen sehr ähnlich sind, über transparente und feinstoffliche bis hin zu reinen Lichtkörpern. Bei genauerer Betrachtung scheint es offensichtlich einen Zusammenhang zu geben zwischen unserem Bewusstseinsgrad und der Qualität dieses jeweiligen jenseitigen Körpers. Je niedriger das Bewusstsein, umso dichter und gröber der Körper, da er immer aus den „Bausteinen" der betreffenden Ebene der Existenz besteht, der wir bewusstseinsmäßig angehören.

Die Esoterik spricht von sieben Existenzebenen, von denen die uns bekannte physische als niedrigste und gröbste gilt, und von jeweils sieben Unterebenen, so dass sich insgesamt 49 Seinsbereiche ergeben. Neben dem irdischen Körper haben wir einen Gefühls- oder Astralkörper, einen Gedanken- oder Mentalkörper, einen Ideen- oder Kausalkörper und schließlich drei Lichtkörper von steigender Leuchtkraft. Der Ätherbereich, von dem in diesem Kapitel die Rede ist, umfasst drei Unterebenen der materiellen

Stufe, zu der noch das Mineral-, das Pflanzen-, das Tier- und das Menschenreich gehören. Der dem Irdischen folgende Bereich ist die Astralsphäre, die von den finstersten Tiefen höllischer Sphären bis in paradiesische Höhen einer idealisierten Erde reicht. Neben dem Ätherbereich ist die Astralebene dem physisch zentrierten und in der Materie gefangenen Bewusstsein am nächsten; und so stammen auch die meisten Erfahrungen in Form von Astralreisen, medialen oder spiritistischen Begegnungen und Jenseitskontakten aus dieser Sphäre.

Bis in die zwanziger Jahre des 20. Jahrhunderts waren spiritistische Sitzungen in Amerika und Europa sehr beliebt und weit verbreitet. Dabei kam es zu bemerkenswerten Erscheinungen und Phänomenen, die teilweise gut dokumentiert sind. Ich erinnere mich, in Fachbüchern von Geistererscheinungen gelesen zu haben, wo kurzfristig verkörperte Geistwesen es erlaubten, dass sie von Ärzten untersucht wurden und dabei u.a. Herzschlag, Darm- und Lungengeräusche attestiert wurden. Ein anderer Fall ist mir ebenfalls gut im Gedächtnis geblieben: Einem Medium gelang es, seinen Äther- und seinen Astralleib – und damit sein Fühlen – so zu verlagern bzw. auszudehnen, dass Nadelstiche schon 10 – 20 cm vor der Haut schmerzhaft von ihm registriert wurden.

Viele Amputierte der letzten Jahrhunderte haben zu ihrer Überraschung erlebt, dass plötzlich das verlorene Körperglied schmerzte oder der Betreffende z.B. einen Juckreiz an der Sohle verspürte, obwohl der dazugehörige Fuß gar nicht mehr vorhanden war. Aus esoterischer Sicht existieren ja die Energiekörper auch nach einer Amputation immer noch und natürlich auch der Teil von ihnen, der dem physischen Körper durch die Operation verloren ging. Bei entsprechender Sensibilität spürt der Amputierte nun Energieimpulse an der betreffenden Stelle nur mittels seines Äther- und Astralkörpers. Diese Information wird über den Ätherkörper an das Nervensystem und das physische Gehirn weitergegeben und dort wie ein gewöhnlicher Nervenimpuls ausgewertet und identifiziert. Der Astralkörper kann aber auch über den Ätherkörper alte Gefühlserinnerungen vergangener Existenzen so an das physische Nervensystem weitergeben, dass bei dem Betreffenden noch existierende Körperteile neu zu schmerzen beginnen, ohne dass es in diesem Leben überhaupt zu einer Berührung oder gar Verletzung kam. Dazu eine eindrucksvolle Geschichte, die mir selbst widerfuhr.

1984 machte ich im Institut von Thorwald Dethlefsen in München eine vierwöchige Reinkarnationstherapie. Eine Sitzung ist mir wegen des einmaligen und außergewöhnlichen Erlebens nachdrücklich in Erinnerung geblieben. In der Rückschau der Trance erlebte ich mich im Jahr 1870 als französischer Soldat im Krieg zwischen dem Frankreich Napoléons III. und dem deutschen Staatenbund unter Führung Preußens. Ich war ein junger Offizier aus der Lorraine, voller Tatendrang und Patriotismus. An der blutigen Schlacht um die Spicherer Höhen bei Saarbrücken war auch meine Kompanie beteiligt. Mein Kompanieführer war schon früh gefallen, und so sollte ich jetzt die Einheit zur Erstürmung eines strategisch wichtigen Hügels anführen, auf dem immer noch der Feind saß. Ich war damals sehr stolz über das ehrenvolle Kommando und mir meiner frisch übertragenen Verantwortung voll bewusst und wollte diesen militärischen Auftrag unter allen Umständen erfolgreich beenden.

Bereits am Fuß des Hügels, als wir gerade aus der Deckung der Bäume traten, traf mich plötzlich eine Gewehrkugel am linken Unterarm, fuhr am Knochen entlang nach oben und trat am Bizeps des Oberarms wieder aus. Der Wundschock und mein fanatischer Kampfeswillen führten allerdings dazu, dass ich die Verletzung ignorieren und mit dem Säbel in der Rechten und an der Spitze meiner Männer weiter hügelaufwärts stürmen konnte. Auf der Hügelkuppe wurde ich von einem preußischen Leutnant, der in einem Schützengraben lauerte, den ich gerade übersprang, mit seinem Bajonett in den Unterleib gestochen. Eine sehr schwere Verletzung, an der ich kurz darauf in den Armen meiner nachrükkenden Soldaten starb. Den Schmerz dieser tödlichen Verwundung hatte ich durch den inzwischen hohen Blutverlust der Armverletzung und die dadurch bedingte Bewusstseinstrübung gar nicht mehr richtig wahrnehmen können.

Als nun, 114 Jahre später und zur gleichen Jahreszeit, in München wieder die Erinnerung an dieses letzte Leben geweckt wurde, begann in der Therapie mein linker Arm so gewaltig zu schmerzen, dass ich hätte laut schreien können. Zwei Stunden lang durfte niemand diesen Arm auch nur mit der Fingerkuppe berühren. Selbst das Gewicht der leichten Sommerjacke, die ich beim Verlassen der Praxis wieder anziehen wollte, konnte ich nicht ertragen. Es fühlte sich so an, als wäre mein heutiger Arm gerade eben durchschossen worden. Nach Rücksprache mit meinem ärztlichen Therapeuten begriff ich, dass ich den damaligen Schmerz verdrängen musste, um weiter meinen militärischen Auftrag erfüllen zu können, an dem mir so viel lag. Die Schmerzinformation wurde damals abgekapselt und hatte sozusagen als nicht integrierte und unerlöste Sinnes- und Gefühlsinformation im Astralen überlebt. Nun war im Rahmen der Therapie die Kapsel aufgebrochen und die Erinnerung in Form der Schmerzen erstmalig in mein Bewusstsein getreten. Als die Energie dieser Gedanken- und Gefühlsbilder durch das bewusste Erinnern und erneute Durchleben im Rahmen der Reinkarnationstherapie aufgebraucht und neutralisiert war, verschwanden die Schmerzen wieder und sind auch dann nicht wieder aufgetaucht, als ich mich später in meditativem Zustand willentlich daran erinnern wollte, um zu überprüfen, ob sie dadurch wieder reaktiviert werden könnten.

Dieses beeindruckende Wiedererleben in meiner Münchner Therapie erklärte mir dann auch, warum es mich in den Jahren zuvor immer wieder magisch auf die Spicherer Höhen, ihre Gräberfelder und zu ihren monumentalen Grabsteinen getrieben hatte, und warum dieser traurige Ort eine so unerklärliche Anziehungskraft auf mich ausübte. Mein damaliger Körper liegt in einem der vielen Gräber rund um den Hügel, der heute eine internationale Gedenkstätte ist und Deutsche und Franzosen an einen der leidvollsten Augenblicke ihrer gemeinsamen Geschichte und eine der blutigsten Schlachten des Krieges 1870/71 erinnert.

17.

Depressionen – oder wenn es Nacht wird in der Seele

Körper und Seele sind während unseres irdischen Lebens untrennbar miteinander verbunden und stehen in ständiger Wechselwirkung. Seelische Probleme führen zu Erkrankungen des Körpers, und alles, was dem Körper geschieht, hat Rückwirkungen auf die Seele. Macht also unser Körper positive Sinneserfahrungen, z.B. wenn wir satt sind oder gerade intensiv gestreichelt werden, dann geht es auch unserer Seele gut. Seelische wie körperliche Probleme können deshalb beide Auslöser von Depressionen sein. Die Depression selbst ist ein negativer Gemütszustand, der aus Sicht eines Heilers unter anderem viel mit dem Lichthaushalt von Körper und Seele zu tun hat. Der Kranke fühlt sich niedergeschlagen und matt, hat häufig Angst, zieht sich innerlich wie äußerlich zurück und sucht oft den Trost und die Geborgenheit seines Bettes und die Dunkelheit seines Schlafzimmers. Untersuche ich die Aura und das Chakra-System des Kranken, so finde ich eine Reihe von Signalen, die diesen Seelenzustand kennzeichnen.

Da die unterschiedlichsten Problemfelder eine Depression auslösen können, kann auch grundsätzlich jedes Chakra davon betroffen sein. Doch zwei Chakras spiegeln besonders häufig durch ihre Blockade das grundlegende Problem bei diesem Krankheitsbild. Das erste ist das Sakral- oder Sexual-Chakra im Unterbauch und das zweite das Scheitel-Chakra. Das Sexual-Chakra beflügelt die Erotik und die Freude am Leben. Wir verspüren dieses Energiezentrum an einem leichten Kribbeln, und deshalb sprechen Verliebte häufig von „Schmetterlingen im Bauch". Dieses Chakra ist hauptsächlich mit den Drüsen des Nebennierenmarks verbunden. Das Nebennierenmark ist für den Adrenalin-Haushalt verantwortlich und reguliert darüber hinaus z.B. den Blutdruck und den Blutzucker. Damit spiegelt dieses Zentrum federführend unsere seelische Lebensfreude und unsere körperliche Vitalität und Dynamik. Das Scheitel-Chakra verbindet uns mit der obersten Geistebene. Es ist mit der Hypophyse und den Vorderlappen der Hirnanhangdrüse verbunden und steuert über sie u.a. die körperliche und intellektuelle Entwicklung. Ist dieses Chakra blockiert, so fühlt sich der Betreffende vom Leben abgeschnitten und von Gott verlassen. Ein blockiertes Sexual-Chakra dagegen signalisiert fehlende Sinnes- und Lebensfreude und damit das Hauptübel bei einer Depression.

Weitere Depressionssignale im Lichthaushalt von Seele und Körper sind eine energieschwache Aura und partielle Verschattungen, die auf entsprechende negative Gedanken- und Gefühlsformen hinweisen. So wie wir in der Physik den Lichtdruck messen, so kann ein Sensitiver den Energiedruck der Aura spüren. In der Esoterik sprechen wir seit altersher von einem kausalen Zusammenhang zwischen dem Bewusstseinszustand des betreffenden Menschen und der Energiefülle in seinem aurischen System. Auch große und harmonisch ausgeglichene Haupt-Chakras sagen viel über den Menschen aus, und deshalb gibt es im Yoga Techniken, die versuchen, über einen verstärkten Fluss der Kundalini möglichst große und starke Energiewirbel entlang der Wirbelsäule zu erzeugen, da dies ein Kennzeichen von hoher Entwicklung und Bewusstheit ist.

Durch die Rückkopplung von Körper und Seele sind deshalb im Falle einer Depression nicht nur psychotherapeutische oder gar psychiatrische Behandlungsformen angesagt, sondern neben der Medikamentierung mit Psychopharmaka insbesondere auch energetische Hilfen in Form von Lichttherapien. Das beginnt beim klassischen Sonnenbad, führt über Lichtakkupunktur mittels Farblampen bis hin zum magischen und geistigen Heilen mit dem Licht der jeweiligen Ebene. Die Bedeutung des Sonnenlichts für die seelische Gesundheit kann man daran ersehen, dass in sonnenarmen Ländern, wie z.B. in Skandinavien, die Zahl der Depressionskranken im Vergleich zu südländischen Ländern mit viel Sonne signifikant höher ist, was u.a. auch einen verstärkten Alkoholismus in der Bevölkerung begünstigt. Wie viele von uns möchten gerne in den Süden flüchten, wenn uns graue Herbst- und Wintertage aufs Gemüt schlagen. Unbewusst spüren und wissen wir: Das Sonnenlicht ist für unser Wohlbefinden von zentraler Bedeutung.

Aber nicht nur mangelndes Sonnenlicht kann uns krank machen. Auch „falsches" Licht hat ähnliche Wirkung. Seit Anbeginn ist unser Körper auf das Licht unserer Sonne abgestimmt. Natürliches Sonnenlicht – zumeist definiert als elektromagnetische Wellen mit einer Länge zwischen 280 Nanometern (ultraviolett) und 1500 nm (infrarote Wärmestrahlung) – hat einen großen Einfluss auf unsere Körperprozesse. Es stimuliert z.B. die Abwehrkräfte, aktiviert das Hormonsystem, steuert den Schlaf- und den Wachrhythmus, reguliert den Blutdruck, regt die Entgiftung des Körpers an und trägt zur Normalisierung des ganzen Stoffwechsels bei. „Falsches", weißes Licht, und dazu zählt das meiste Kunstlicht um uns herum, erscheint zwar optisch wie das Sonnenlicht weiß, kann aber in Wahrheit sehr verschieden sein – mit fatalen Folgen für die Gesundheit. Wissenschaftler stellten fest, dass künstliches Licht krank machen kann – umso mehr, je stärker es vom natürlichen Spektrum der Sonne abweicht. „Lichtverschmutzung" nennen Experten diese Variante des Elektrosmogs. Durch Kunstlicht wird das normale System des menschlichen Organismus um so mehr gestört, je stärker sich das Spektrum der Lichtquelle also vom Sonnenspektrum unterscheidet. Da man in der Industrie festgestellt hatte, dass Arbeiter, die nachts Jahre lang während des Schichtdienstes unter billigen Leuchtstoffröhren arbeiten mussten, überdurchschnittlich oft erkrankten, tauschte man diese negativen Lichtquellen gegen so genannte Vollspektrumslampen aus, und die Krankenquote ging deutlich zurück.

Anna M., 49 Jahre alt, Hausfrau von Beruf, seit zwei Jahren verwitwet, war eine meiner ersten Depressionspatientinnen. Als, ihrem Empfinden nach, die Psychopharmaka im Rahmen einer psychiatrischen Behandlung ihre Probleme eher verstärkten als linderten, brach sie die Therapie ab und kam bald darauf zu mir. Anfänglich besuchte sie mich zweimal die Woche. Neben dem Sexual- und dem Scheitel-Chakra war auch ihr Kehl-Chakra blokkiert, das u.a. für das Los- und Zulassen steht. Bald war klar, dass sie ihren Mann, einen erfolgreichen Unternehmer, der mit 55 Jahren an einem Herzinfakt gestorben war, nicht vergessen und ihm nicht verzeihen konnte, dass er sie so plötzlich und unvorbereitet verlassen hatte. Sie war auch nicht in der Lage, mit befreundeten Dritten über ihre Not zu sprechen, was ebenfalls auf das Kehl-Zentrum, das ja auch die Kommunikation steuert, hindeutete. Sie machte auf Grund der Chakra-Therapien gute Fortschritte und ihre Depression schwächte sich ab. Aber bald wurde mir bewusst, dass ihre Trauerarbeit noch nicht beendet war und sie den überraschenden Tod ihres Ehegatten einfach nicht akzeptieren wollte. So machte ich ihr den Vorschlag, dass sie in Trance in Kontakt mit dem Geist ihres verstorbenen Mannes treten sollte, um noch einmal mit ihm zu reden und sich nachträglich von ihm zu verabschieden. Anna war wie vor den Kopf geschlagen und bekam zuerst einmal Angst. Sie hatte zwar schon gehört, dass es so etwas gäbe, es aber für sich selbst nie ernstlich in Erwägung gezogen. Doch nach einem Vorgespräch und einer längeren Überlegungszeit erklärte sie sich schließlich damit einverstanden.

Voller Zweifel und sehr aufgeregt kam sie an diesem Tag zu mir. Ich ließ sie sich auf die Liege legen und begann die Sitzung mit Suggestionen zur Tiefenentspannung. Nach einer Weile suggerierte ich ihr eine lichte Ebene mitten im All. Alles dort war aus Kristall. Auf meine Anweisung hin setzte sich Anna in der Trance auf den kristallenen Boden, der überraschend weich und warm war. Dann sollte sie ihren Blick auf den Horizont richten. Am nachtschwarzen Himmel leuchteten und blinkten unzählige Sterne. Ich forderte sie auf, genau hinzusehen und den Stern herauszufinden, der besonders stark aufleuchtete und sich dann auf diesen zu konzentrieren. Anschließend erlebte sie, wie dieser bewusste Stern immer größer wurde und näher kam. In seinem Licht wurden die Umrisse einer Gestalt sichtbar; und als das Licht noch näher kam, erkannte sie in ihm ihren Mann, allerdings auf seltsame Art verändert, nämlich merkwürdig strahlend und verjüngt. Sie erhob sich überglücklich, um ihm entgegen zu eilen und sich in seine Arme zu werfen. Aber dann ließ sie seine Ausstrahlung plötzlich stocken. Dieses Wesen vor ihr war von einer solchen Klarheit und Reinheit, dass ihr ihre überschäumenden menschlichen Gefühle mit einem Mal fehl am Platze vorkamen und sie eine Form von ehrfürchtiger Ergriffenheit überkam. Es entfaltete sich ein Dialog zwischen den beiden, der so ganz anders verlief, als sich das die Frau in ihrer Emotionalität vorher ausgemalt hatte. Da blieb einfach kein Raum mehr für menschliche Trauer und egoistische Verlustgefühle, und dem Geist ihres Mannes jetzt noch Vorwürfe zu machen für seinen plötzlichen Tod als Mensch, kam ihr nun kindisch und absolut unpassend vor. Als sie sich von dem Geistwesen verabschiedete, das einmal ihr Ehemann gewesen war, und er zurück ins Licht ging, war Anna eine andere geworden.

Ihre Depression löste sich binnen weniger Tage ganz auf. Bald darauf verlegte sie, da sie es sich leisten konnte, ihren Wohnsitz auf eine der Ballearen-Inseln. Das Letzte, was ich von ihr hörte, war eine Postkarte mit einem fantastischen Sonnenaufgang über dem Meer, worin sie von dem wunderbaren Licht in ihrer neuen Heimat schwärmte und mir berichtete, dass sie dort inzwischen auch einen neuen Lebenspartner gefunden hatte.

18.
Krebs – der unüberhörbare Hilfeschrei unseres Körpers

Im Kapitel „Heilung, ein Bewusstseinsprozess“ meines Buches „Die Flamme der Erkenntnis“ berichte ich von zwei Frauen, die beide Brust- und Lungenkrebs im gleichen Stadium hatten, als sie zu mir fanden. Der einen konnte ich helfen, der anderen nicht. Die eine verstand die Botschaft dieser Krankheit und änderte sich, die andere konnte den notwendigen Strukturwandel in ihrer Seele nicht bewerkstelligen und starb deshalb. Was uns umbringt, ist nicht der Krebs, sondern unser Unvermögen, etwas an den der Krankheit zu Grunde liegenden Gedanken und Gefühlen zu ändern. Bezeichnenderweise und dem Zeitgeist gemäß, bauen wir mit Hilfe der Medien ein falsches Feindbild auf und bekämpfen, was wir als letzten Versuch unserer Seele, doch noch auf diesem Weg Erlösung zu finden, eigentlich begrüßen müssten. Nein, ich bin nicht verrückt geworden, sondern habe am eigenen Leib erlebt, wie hilfreich eine solche Erfahrung sein kann, wenn man bereit ist, den Krebs als hilfreichen Freund zu sehen und ihn nicht als Bedrohung empfindet und als Feind verteufeln muss. Als 1995 mein eigener Dickdarmkrebs festgestellt wurde, war ich weder panisch noch hoffnungslos, wie viele meiner Patienten, sondern es fiel mir wie Schuppen von den Augen, denn ich erkannte erst mit seiner Hilfe, was ich in die unterste Schublade meines Bewusstseins verdrängt hatte. Die esoterische Psychologie und Medizin nennt als Ursache für eine Krebserkrankung einen subjektiv unlösbaren Konflikt. Der Kranke hat sich seelisch in eine Position manövriert, wo er – nach eigener Überzeugung – weder vor noch zurück kann und keinen Ausweg mehr sieht. Das betreffende Organ, wie das es steuernde Chakra, spiegeln nur den betreffenden Konflikt und geben Hinweise auf die Natur des Problems. Fachleute und Autoren, wie Thorwald Dethlefsen und Rüdiger Dahlke, haben das in ihren Büchern vielfach aufgezeigt.

Claudia M., 42 Jahre alt, Mitinhaberin eines Reisebüros, kam damals zu mir, als sie die erste Operation ihres Hirntumors bereits hinter sich hatte. Äußerer Anlass waren verbliebene Schmerzen und eine zeitweise Einengung des optischen Gesichtsfeldes. Sie sprach auf das Licht aus meinen Händen gut an und war auch bereit, mit mir an den Ursachen ihrer Erkrankung zu arbeiten. Bald fanden wir heraus, dass sie auf Schicksalsschläge immer gleich reagierte. Sie gab sich in vielem die Schuld und zerbrach sich Tag und Nacht den Kopf, warum sie die Dinge so erfahren musste, wie sie sie erlebte. Ihr Denken kreiste ununterbrochen um die gleichen Fragen und Inhalte, ohne zu einer akzeptablen Antwort zu gelangen. Sie nervte damit ihre ganze Umgebung, konnte dieses zwanghafte Muster aber einfach nicht abstellen; und irgendwann versagten ihre armen Gehirnzellen ihren Dienst, machten sich selbstständig, durchbrachen durch ihr wildes Wachstum stellvertretend die zu eng gesetzten Grenzen der innewohnenden Persönlichkeit. Ihr subjektiv unlösbarer Konflikt bestand darin, sehr viel Angst zu haben und gleichzeitig vom Leben immer wieder in Situationen geführt zu werden, die Mut und Vertrauen gefordert hatten.

Bei einer Nachuntersuchung attestierte man ihr ein erneutes Wachstum ihres Tumors und forderte sie auf, sich kurzfristig zu einer weiteren Operation bereit zu erklären. Ich machte sie auf die deutliche Verbesserung in ihrem Befinden aufmerksam und sagte ihr, dass ich weniger ein Krebswachstum feststellen könnte, sondern nur ein Füllgewebe, das sich im Operationsfeld breit machte. Doch Cornelia gab aus Angst dem Druck der Ärzte nach und ließ sich an einem Montag erneut operieren. Als sie aus der Narkose erwachte, stand der Oberarzt vor ihrem Bett und meinte bedauernd, dass man den Krebsherd wohl verfehlt hätte und deshalb in drei Tagen erneut operieren wollte. Cornelia fühlte sich zwar genötigt, sah aber in dieser Situation überhaupt keine Möglichkeit, zu widersprechen und sich zu wehren und gab resignierend ihr Einverständnis. Aus der Narkose der dritten(!) Operation erwachend, sah sie wieder den Oberarzt neben ihrem Bett stehen. Diesmal machte er ein recht zerknirschtes Gesicht und sagte dann, das OP-Team müsste sich bei ihr entschuldigen. Die Operation sei zwar gelungen, aber es habe im OP ein Malheur gegeben. Körperflüssigkeit hätte für einen Kurzschluss zwischen den Elektroden an ihrem Körper und dem Metalltisch, auf dem sie lag, gesorgt, so daß sie nun Verbrennungen zweiten und dritten Grades auf dem Rücken habe. Cornelia war sprachlos. Nach Hause zurückgekehrt, drängte sie ihre Hausärztin, die Uniklinik auf Schmerzensgeld und Schadensersatz zu verklagen. Doch auch dafür war sie zu ängstlich, fürchtete eine endlose Auseinandersetzung. Die pathologische Untersuchung der entnommenen Gewebeteile ergab dann mehrheitlich gutartiges Füllgewebe und nur sehr wenige Krebszellen, die in diesem Stadium niemals eine Operation gerechtfertigt hätten.

Der Körper spiegelt die Seele und so sagt das vom Krebs befallene Organ alles über den bestehenden Konflikt aus. Interessanterweise gilt dies auch für Tiere. Der Hoden beispielsweise repräsentiert beim Mann wie beim männlichen Tier den Anspruch auf Fortpflanzung und damit einen zentralen Aspekt der männlichen Selbstverwirklichung. Evolutionsbedingt setzt das einen geschützten bzw. zu verteidigenden Raum voraus, in dem dies stattfinden kann, und den man beim Tier „Revier" nennt. Das Revier ist der Bereich, in dem nur sein Inhaber das oft schwer erkämpfte Recht und die Möglichkeit hat, sein Weiterleben in Gestalt seiner Nachkommen zu realisieren. Der Hirsch, der Löwe oder der Hengst, der altersbedingt seinem Rivalen im Kampf um dieses Recht unterliegt und damit sein Revier verliert, gerät deshalb – wenn er den Kampf überlebt – häufig in einen für ihn unlösbaren Konflikt und erkrankt folgerichtig an Hodenkrebs. Der Hodenkrebs steht also für den Revierkonflikt. Unlösbar ist dieser Konflikt deshalb, weil der starke seelische Antrieb zur Fortpflanzung nach wie vor besteht, nun aber nicht mehr verwirklicht werden kann. In der Folge blockieren auch beim Tier in diesem Fall das Steiß- und das Sexual-Chakra, die beide diesen seelischen Bereich spiegeln und die Fortpflanzungsorgane steuern.

Ein Mann, dessen geliebte Frau von einem Nebenbuhler geschwängert wird, ein Arzt, der aus seinem ureigensten Bereich, dem Krankenhaus, verwiesen wird, in dem sein sterbender Sohn liegt und gegen dessen falsche Behandlung er erfolglos opponierte, ein Unternehmensgründer, der durch die hinterlistigen Machenschaften einer Finanzgruppe aus seiner eigenen Firma gedrängt wird: Sie alle haben einen Revierkonflikt, und können sie ihn nicht lösen, erkranken sie an Hodenkrebs. Das heißt also, dass ein traumatisches Erleben nicht zwingend unlösbar sein muss. Zwei Menschen erleiden das gleiche Schicksal. Dem einen bricht es das Herz, der andere steht auf, kämpft weiter und gewinnt doch noch oder kann sich mit seiner Niederlage abfinden. Ob also ein Konflikt subjektiv unlösbar ist, liegt in der seelischen Struktur des Erkrankten begründet. Kann er ihn mit Hilfe eines Dritten dann doch noch nachträglich lösen, kommt das Krebswachstum zum Stillstand bzw. bildet sich zurück, denn der Körper folgt immer den „Anweisungen" der Seele.

Armin S., 48 Jahre alt, war Missionar in Asien. Während eines mehrmonatigen Heimaturlaubs spürte er unter dem rechten Rippenbogen starke Schmerzen, ließ sich gründlich untersuchen und erhielt die niederschmetternde Diagnose, dass er einen großen Tumor in der Leber habe. Die Leber hat neben der Entgiftung auf der Körperebene unter anderem die Funktion, das vom Darm ins Blut übergegangene Nahrungseiweiß für uns verwertbar zu machen. Sie zerlegt das fremde Eiweiß in seine Grundbausteine und baut daraus unser ganz spezielles Eiweiß auf. Sie verbindet uns also mit den Bausteinen der Nahrung und damit dem Urgrund der Materie. Psychologisch gesehen, bedeutet das, dass die Leber unsere Anbindung an die Schöpfung und damit Gott repräsentiert, der unser seelischer Urgrund ist. Armins Erfahrungen in einem von Korruption und Bürgerkrieg geschüttelten Land und seine ständig empfundene Ohnmacht, den ihm Anbefohlenen nicht oder nur wenig helfen zu können, hatten erste Zweifel an seinem Glauben in ihm geweckt. In die Heimat zurückgekehrt und dort mit dem Leben seiner Priesterkollegen und dem kirchlichen Alltag in Deutschland konfrontiert, wuchsen seine Zweifel. Er spielte bald mit dem Gedanken, sein Amt als Seelsorger aufzugeben, krankte er doch selbst, wie er glaubte, immer mehr an seiner eigenen Seele. Aber gleichzeitig fühlte er sich als guter Hirte zutiefst seinen Schäfchen in Asien verpflichtet. Der Konflikt in ihm eskalierte, wurde aus seiner Sicht unlösbar und führte in der fatalen Konsequenz zu dem Lebertumor, der sein Dilemma beschrieb: Seine Zweifel an Gott, der für den Priester das Fundament und der Urgrund seines Glaubens und damit seines Lebens war und ohne den Armins Existenz sinnlos und unhaltbar wurde. Der Krebs war inoperabel, es kam nur eine Lebertransplantation in Frage.

Armin hatte über ein Familienmitglied von mir gehört, wollte aber weniger Heilung als vielmehr Gespräche mit einem anderen spirituellen Menschen, der nicht seiner Kirche angehörte und ihm deshalb vielleicht eher eine neue Perspektive aufzeigen könnte, die ihm seine Entscheidung erleichtern würde. Ich hatte es schon mehrfach mit Glaubenszweifeln von Priestern zu tun gehabt. So hatte mir beispielsweise einer meiner südamerikanischen Schüler, ein katholischer Ortsgeistlicher, erzählt, dass er seine Abschlussarbeit im Priesterkolleg über den Gestaltwandel der Engel im Katholizismus gemacht hatte. Als seine Mitschüler das hörten, lachten sie ihn aus und fragten ihn höhnisch, ob er denn tatsächlich noch an Engel glaube. In den folgenden Wochen vermittelte ich dem interessiert und unbefangen zuhörenden Missionar das esoterische Weltbild, das für ihn in großen Teilen neu war, ihm aber im Verlauf unserer Gespräche immer mehr einleuchtete. Inzwischen ließ er sich auch von mir behandeln, und, oh Wunder, die Schmerzen verschwanden. Bevor er nach Asien zurückkehrte, ließ Armin sich noch einmal untersuchen. Der Tumor war deutlich kleiner geworden und schien sich abgekapselt zu haben. Die Diagnose der Medizin über den weiteren Verlauf war vorsichtig optimistisch. Wir beide aber wussten, dass er seinen Konflikt gelöst hatte, da er eine neue, ihn viel befriedigendere Weltsicht gefunden hatte. Und deshalb war er, was diese Krankheit betraf, geheilt.

19.
Aus Angst vor dem Leben in die Krankheit flüchten

Oftmals ist die Krankheit das kleinere Übel. Dann nämlich, wenn das Leben sehr bedrohliche oder äußerst unangenehme Forderungen stellt, denen man als Gesunder kaum ausweichen kann, und man nur als Kranker eine allseits akzeptierte Ausrede für seine Verweigerung hat. Therapeuten, Ärzte und Heiler können ein Lied davon singen, dass Patienten zwar mit der Bitte um Hilfe in ihre Praxen kommen, aber eigentlich die Krankheit gar nicht loswerden wollen. Der Grund: Eine Krankheit kann für den Betreffenden große Vorteile in seinem Alltagsleben mit sich bringen. Wer hat nicht schon von der „lieben Mutti" gehört, die mit ihren Herzattacken zur rechten Zeit eine ganze Großfamilie steuert und gefügig macht. Früher fielen die Damen bei passender Gelegenheit gern in Ohnmacht, um einer unangenehmen Situation aus dem Weg zu gehen. Oder denken wir an die „schrecklichen Hüftschmerzen" von Opa, wenn Oma ihn bittet, doch für sie einkaufen zu gehen. Natürlich gibt es auch viele ernst zu nehmende, ja geradezu tragische Gründe, seine Gesundheit zu opfern und sich in die Krankheit zu flüchten. Einen solchen Fall erlebte ich auf einer peruanischen Hazienda im Urubamba-Tal, dem heiligen Tal der Inkas.

Meine damalige Frau und ich waren von Cuzco hierher gereist, um im Ort Urubamba das Kinderdorf Samana Wasi zu besuchen, das unsere Freunde und wir seit längerer Zeit ideell und finanziell unterstützten und wollten von dort aus weiter zum Machu Picchu reisen. Wir beide waren in der genannten Hazienda, der ein Hotel angegliedert war, untergebracht und saßen gerade beim Abendessen, als der Haziendero an unseren Tisch trat. Er hatte von uns gehört und bat uns auf Englisch um Hilfe für seine kranke Ehefrau. Ich versprach seufzend, noch nach Tisch vorbei zu kommen, und er wollte einen Diener schicken, der mich führen sollte. Der ältere Großgrundbesitzer machte auf mich den Eindruck des typischen spanischen und sehr selbstbewussten Granden, der gewohnt war, dass ihm kein Wunsch abgeschlagen wurde. Er war mir schon auf den ersten Blick sehr unsympathisch. Sein feudales und sehr großes Wohnhaus war der krasse Gegensatz zu den vielen armseligen Hütten der Indios, die wir den ganzen Tag vor Augen hatten, und wo Mensch und Tier häufig in einem Raum zusammen leben mussten. Ich ließ mich durch den kolonialen Prunk nicht beeindrucken und folgte dem Hausherrn in das Schlafzimmer seiner Frau. In meiner Begleitung war auch eine unserer peruanischen Schülerinnen, die Leiterin des Kinderdorfs, und als Dolmetscher einer unserer deutschen Gruppenmitglieder. In dem Krankenzimmer angekommen, fanden wir eine erstaunlich hübsche junge Frau im Bett liegend vor. Mit leiser Stimme erzählte sie mir ihre Leidensgeschichte, während ihr Mann uns die ganze Zeit aus dem Hintergrund des Zimmers heraus keine Sekunde aus den Augen ließ. Ich spürte schnell, dass seine Anwesenheit die junge Ehefrau einschüchterte und hemmte. Aber es gab leider keinen triftigen Grund, ihn aus dem Zimmer zu schicken. Stockend berichtete sie mir weiter, dass sie seit ihrer zweiten Niederkunft hüftabwärts fast gelähmt sei und kaum stehen und noch weniger gehen könne. Sie war zur Entbindung nach New York geflogen, weil sie und ihr Mann der Überzeugung gewesen seien, dass dort die medizinische Versorgung viel besser sei als in Cuzco. Auf ihren Wunsch hin bekam sie eine Spinalanästhesie, eine Spritze ins Rükkenmark, die ihr die Schmerzen nehmen sollte. Einige Tage nach der Geburt ihrer Tochter begannen die Probleme mit ihren Beinen, die sich mit der Zeit so verschlimmerten, dass sie jetzt immer bettlägerig war. Die nächstliegende Erklärung ihrer heimischen Ärzte war, dass etwas bei der Spritze schief gelaufen sein müsste.

Nun bin ich überzeugt, dass es keinen Zufall gibt, und auch solche Erfahrungen selbst herbeigeführt sind. Was aber konnte die junge Frau, die doch im Gegensatz zu 95% ihrer Landsleute in Wohlstand und Reichtum lebte, zu dieser Wahl veranlasst haben? Während ich noch darüber nachgrübelte, bemerkte ich plötzlich einen zutiefst verängstigten Blick, den die junge Frau ihrem Mann im Halbdunkel heimlich zuwarf. Schlagartig lief vor meinem inneren Auge ein Film ab, und ich sah in die Seele der Kranken. Ihre Eltern hatten Rosaria, so hieß die junge Hausherrin, die aus einer bescheidenen, aber ehrenvollen und angesehenen Familie kam, mehr oder weniger gezwungen, den älteren Mann zu heiraten, der in diesem armen Land, finanziell betrachtet, für jede Familie eine Goldgrube und ein wahrer Glücksfall war. Er allerdings hatte nur eine passable Mutter für seine sehnlichst erwünschten Kinder gesucht, behandelte seine Frau deshalb wie eine wertvolle Zuchtstute und ansonsten wie ein unmündiges Kind. In den zurückliegenden Jahren hatte Rosaria den Jähzorn ihres Mannes fürchten gelernt und hatte deshalb viel zu viel Angst, sich gegen seine lieblose Behandlung aufzulehnen und sich ihm als Sexualpartnerin zu verweigern. Die Intimität des Ehebettes wurde für sie zu einer ständigen Quelle des Schreckens und der Erniedrigung. Und so suchte ihre Seele nach einem Ausweg aus ihrem Martyrium und fand ihn in Gestalt der Krankheit. Nun musste sie nicht mehr mit ihrem Mann schlafen. Die Krankheit gab ihr die Chance, sich zu verweigern, ohne dass Rosarias Mann sie dafür zur Verantwortung ziehen konnte. - Sie tat mir Leid, aber was konnte ich in dieser Situation tun? Morgen würde ich abreisen, an eine weitere Behandlung war schon deshalb nicht zu denken. Darüber hinaus signalisierte Rosaria durch die Art, wie sie mit ihrem Problem umging, dass das, was ihr Karma offensichtlich von ihr forderte, nämlich die Selbstbehauptung zu lernen und die Durchsetzung zu wagen, für sie scheinbar zu schwierig war. Nur eine längere therapeutische und heilerische Begleitung konnte da vielleicht für Abhilfe sorgen.

Nachdem wir die Kranke, der es nach meiner Behandlung etwas besser ging, verlassen hatten, bestätigte mir meine peruanische Begleiterin, die diese Familie näher kannte, auf meine Rückfrage hin, die Richtigkeit meiner intuitiv empfangenen und geschauten Bilder. Sie versprach, als initiierte Heilerin unserer Gemeinschaft, die Kranke zukünftig zu therapieren und zu versuchen, mit ihr von Frau zu Frau zu sprechen und ihr dadurch etwas zu helfen. Später hörte ich, dass die Kranke, deren Lähmung etwas zurückgegangen war, zur weiteren Behandlung in die USA reiste. Danach brach die Verbindung ab.

Der freiwillige, doch unbewusste Weg durch die Krankheit, wie vorher geschildert, oder auch andere schlimme Schicksalsfügungen können aber auch ganz andere, nicht karmische Gründe haben. So kann sich eine Seele für eine chronische Erkrankung oder eine schwere Behinderung entscheiden, weil dadurch beispielsweise die Eltern des Kindes lernen können, die Liebe und Fürsorge in sich zu entwickeln, die ihnen noch fehlt. Das Opfer des Kindes ist also in einem solchen Fall in erster Linie ein Akt der erbarmenden Liebe und nicht karmisch bedingt. Diese Fälle sind aber die Ausnahme und nicht die Regel. Die meisten von uns nutzen die „Krankheit als Weg“, wie ein empfehlenswertes esoterisches Grundlagenwerk von Thorwald Dethlefsen und Rüdiger Dahlke betitelt ist.

Eines Tages klingelte abends das Telefon. Eine Frau aus Süddeutschland rief auf Empfehlung eines Freundes an. Es ging um ihre jetzt 6-jährige Tochter, bei der vor zwei Jahren ein schwerwiegender Hörschaden festgestellt worden war, so dass das Kind von da an beidseitig ein Hörgerät tragen musste. Wir vereinbarten einen kurzfristigen Termin, wobei Sonja K., die allein erziehende Mutter, bereits am Telefon durchblicken ließ, dass sie mich auch wegen eigener Probleme konsultieren wollte.

Das betreffende Organ signalisiert durch seine Funktion wie durch seine Erkrankung immer die dahinter steckende seelische Problemstellung. Und so stellte sich mir schon während des Telefongesprächs die Frage, was wollte oder konnte das Kind nicht mehr hören? War der Umstand, dass die Mutter allein erziehend war, bereits ein erster Hinweis auf die Natur des Konflikts? Es fiel mir eine frappierende Begebenheit ein, die sich nach Ende des Vietnam-Krieges in diesem geschundenen Land ereignet hatte. Dort trat bei einer Vielzahl junger Mädchen und Frauen plötzlich eine unerklärliche Erblindung auf. Anfänglich vermutete man eine Folgewirkung des von amerikanischen Flugzeugen versprühten Entlaubungsgiftes. Dadurch wollten die Amerikaner ihren Gegnern die Deckung des dichten Urwaldes nehmen, um sie wirkungsvoller bekämpfen zu können. Aber alle medizinischen Untersuchungen blieben ohne Erfolg. Es ließen sich keine physischen Gründe für das Erblinden der Patientinnen finden. Organisch waren die Betreffenden gesund. Erst durch Zufall entdeckten Psychologen den gemeinsamen Nenner, der all diesen Fällen zu Grunde lag. Sie stellten fest, dass die betreffenden Mädchen und Frauen während des Krieges Augenzeugen von schrecklichen Massakern gewesen waren; und so versuchte sie ihr Unterbewusstsein durch die Erblindung vor weiteren Erfahrungen dieser Art zu schützen. Fälle dieser Art sind gar nicht so selten. Es stecken hinter unerklärlichen Lähmungen, dem plötzlichen Ausfall von Sinneswahrnehmungen oder Ohnmachtsanfällen häufig traumatisierte Erfahrungen der Betreffenden, die nur verdrängt, aber nicht verarbeitet werden konnten.

Als ich dann die 30-jährige Sonja und ihre Tochter Beate kennen lernte, wurde mir sehr schnell klar, dass nicht nur die Tochter, sondern insbesondere die Mutter behandlungswürdig war. Sonja berichtete mir von ihrer schlimmen Kindheit mit vielen Ängsten, einem Leben ohne Vater und dem Hin- und Hergerissensein zwischen einer lieblosen Mutter und einer herrschsüchtigen und manipulativen und kalten Großmutter. Sie hatte schließlich früh geheiratet, nur um in der kurzen Ehe ein Martyrium durch einen brutalen und alkoholabhängigen Ehemann zu erleben. Sie berichtete mir von schweren körperlichen Misshandlungen, die in Tritten in den Bauch der Schwangeren gipfelten und davon, dass Beate das Ergebnis einer ehelichen Vergewaltigung sei. Sonja spielte deshalb anfänglich mit dem Gedanken, das unerwünschte Kind abzutreiben; und auch nach der Geburt hatte sie lange Zeit große Schwierigkeiten, ihre Tochter liebevoll zu akzeptieren und anzunehmen. Das Kind bekam schon im Mutterleib die lautstarke Auseinandersetzung seiner Eltern mit und musste nach der Geburt die Flüche und Drohungen ihres Vaters, der beiden mehrfach ankündigte, sie tot zu schlagen, mit anhören. Wer sich mit dem Einfluss von Vater und Mutter auf die kindliche Psyche auseinander setzt, weiß, wie verheerend sich ein solches Erleben auf die frühkindliche Seele auswirkt. Die Angst solcher Kinder ist unbeschreiblich! Es war deshalb nicht verwunderlich, dass die nun Sechsjährige periodisch sehr schwierig war, unerklärliche Aggressionsschübe und Wutanfälle bekam, denen sich die Mutter hilflos und ohnmächtig ausgeliefert sah, hatte sie doch ihre eigene Angst nie wirklich bearbeitet und überwunden.

Vordergründig war laut Diagnose der behandelnden Ärzte ein Virusbefall des Gehirns, der das Hörzentrum irreparabel schädigte, in Beates ersten Lebensjahren für die Erkrankung ursächlich verantwortlich. Als spiritueller Heiler weiß ich aber, dass auch ein solches Geschehen seelisch begründet ist, was ich am Beispiel des simplen Schnupfens einmal erklären will: „Ich habe die Nase gestrichen voll" sagt man, wenn man etwas überdrüssig ist, beziehungsweise sich seelisch überfordert fühlt. Unser Inneres weigert sich, sich weiter mit dem betreffenden Thema auseinander zu setzen und macht zu. Nach dem Gesetz des Ausgleichs muss nun, wenn ich mich seelisch verschließe, auf der Körperebene das entsprechende Organ die verweigerte seelische Auseinandersetzung durch seine Erkrankung spiegeln und erlösen. Und so folgt auf das innere Zu-gehen das äußere Auf-gehen. Die Nasenschleimhaut öffnet sich, Bakterien und Viren, die immer auf ihr leben, können jetzt eindringen und sorgen für eine Entzündung und ein Anschwellen der Schleimhaut.

Unser Immunsystem reagiert – wie man heute weiß – sehr stark auf unsere Gefühlslage. So ist es sehr wahrscheinlich, dass die Angst über das, was das Kind bereits als Fötus und später als Baby hören musste, sich sehr negativ auf sein Immunsystem ausgewirkt hatte, so dass die Viren eindringen und den Teil des Gehirns zerstören konnten, der sozusagen nur durch sein Vorhandensein für das schreckliche und Angst machende Erleben „verantwortlich" war – nämlich das Hörzentrum!

Wie ich in vielen Fällen erlebte, ist die Bindung zwischen allein erziehender Mutter und Kind außerordentlich stark. Viele Mütter glauben, nun auch noch den Vater ersetzen zu müssen und sind oft restlos überfordert. Das Baby bzw. Kleinkind reagiert seismographisch auf jede Gefühlslage der Mutter. Ihre Angst wird zu seiner Angst. Fixiert auf die wichtigste Bezugsperson und ohne ausgleichende Wirkung des fehlenden väterlichen Elements, spiegelt das Kind extrem das mütterliche Befinden. Leidet die Mutter, erkrankt das Kind, übernimmt oft stellvertretend den Konflikt und macht der Mutter die häufig nicht eingestandenen Probleme erst bewusst. Auch Sonja berichtete mir von ihren Ängsten, ihrem Frust und den starken Aggressionen, die sie als selbstständige Unternehmerin im Geschäft oft unterdrücken musste und deshalb mit nach Hause nahm, wo sie dann von Beate, ihrer Tochter, stellvertretend ausagiert wurden.

Dass sich die Spiegelung zwischen Mutter und Tochter auch in anderen Bereichen drastisch offenbarte, zeigte die erste Behandlung. Beide hatten gleichermaßen das Steiß-, das Solarplexus- und das Kehl-Chakra blockiert. In der Schlussbesprechung machte ich Sonja klar, dass eine weitere Behandlung ihrer Tochter erst dann Erfolg versprechend und sinnvoll sei, wenn zuerst sie, die Mutter, sich einer Therapie unterziehen würde, um dadurch erst Beate die Heilung ihrer Gefühle und vielleicht auch ihrer körperlichen Erkrankung zu ermöglichen.

20. Das Wunder unseres Körpers begreifen

In seinem Buch „Aufbruch zur Stille“ gibt der Autor Dr. Ulrich Bauhofer eine knappe Zusammenfassung dessen, was sich ständig in unserem Körper abspielt. Dort heißt es: „Der menschliche Organismus – ein Universum von Zellen, Molekülen und Atomen. 100.000 Milliarden Zellen arbeiten im menschlichen Körper. 15.000 Mal so viel wie Menschen auf der Erde leben. Allein die Armee unseres Immunsystems verfügt über 1000 Milliarden Lymphozyten sowie 100 Trillionen spezielle Moleküle, so genannte Antikörper, die bei einer Invasion von Fremdorganismen wie Abwehrraketen gegen sie abgeschossen werden. Ohne Rast verändert sich diese unüberschaubare biologische Gesellschaft: Etwa sieben Millionen Zellen produziert der Körper jede einzelne Sekunde neu. 600 Milliarden Mitglieder scheiden täglich aus dem Konzern Körper aus; ebenso viele Zellen werden jeden Tag neu gebildet und reibungslos in das physiologische Geschehen einbezogen. Die 1028 Atome, die den Körper bilden, sind flüchtig wie die Zeit. Sie kommen und gehen und schaffen unser Fleisch und Blut immer wieder neu: fast alle 24 Stunden eine neue Bauchspeicheldrüse, alle drei Tage eine neue Magen-Darm-Schleimhaut, alle sechs Wochen eine neue Leber, jeden Monat eine neue Haut, alle paar Monate ein vollständig neues Skelettsystem. Lautlos und ohne Anstrengung vollzieht sich dieser biologische Tanz, der uns 25.000 Mal am Tag atmen und unser Herz 100.000 Mal am Tag schlagen lässt."

Es stellt sich die Frage, wer steuert diesen gigantischen, jede Vorstellung sprengenden permanenten Schöpfungsprozess und regiert dieses Universum? Die Antwort: Unsere Geist/Seele-Persönlichkeit. Verlässt sie unseren Körper, tritt die Regierung zurück, dann bricht das scheinbare Chaos aus, und das Gemeinwesen zerfällt, was dem Tod und der Verwesung unseres Körpers entspricht. Der Körper zerlegt sich wieder in seine Grundbausteine, die sich ja auch nur durch den Willen und unter Anleitung der Seele zusammen gefunden haben.

Die Physik lehrt uns, dass nur der Atomkern Masse und damit Gewicht hat. Die Elektronen, die ihn umkreisen, sind masse- und damit auch gewichtslos. Das bedeutet, dass bei der bekannten Größe der 1028 Atome unseres Körpers alle Atomkerne zusammengenommen Platz in einem Stecknadelkopf hätten, der dann das gleiche Gewicht wie unser ganzer Körper hätte. Das Volumen unseres physischen Körpers erklärt sich erst aus den Größenverhältnissen im Gesamtatom. Multiplizierten wir beispielsweise zur Veranschaulichung den Durchmesser eines Atoms und die Entfernung des Kerns zu den ihn umkreisenden Elektronen mit dem gleichen Faktor, so daß der Atomkern einen Durchmesser von nur 1 cm hätte, so würden die Elektronen in 2,5 km Entfernung ihre Bahn ziehen. Der nächste Atomkern wäre dann 5 km entfernt. Und dazwischen fänden wir nur Energieströme, die den Zusammenhalt des Atoms gewährleisteten. Man kann also mit Fug und Recht behaupten, dass unser Körper, bezogen auf sein Volumen, zu 99,9 % nur aus Energie besteht, was die Esoterik bereits seit Jahrtausenden behauptet.

Panta rhei, alles fließt, ist eine bekannte These des griechischen Philosophen Heraklit in seiner Lehre vom Wandel allen Seins, der damit schon 500 v.Chr. etwas behauptete, was die Physik erst etwa 2400 Jahre später entdecken und nachweisen konnte. Wie sich unser Körper ständig verwandelt, haben wir nun erfahren. Dass die Radio-, Fernseh- und Lichtwellen, ebenso wie die anderen Frequenzen des elektromagnetischen Wellenspektrums, fließen - schwingen wäre da nur ein anderes Wort – haben wir bereits gehört, und das leitet sich ja auch schon von der Bezeichnung „Welle" ab. Aber die wenigsten wissen, dass z.B. Protonen und Neutronen, die Teilchen, die zusammen den Atomkern bilden, sich rasend schnell links oder rechts herum um ihre eigene Achse drehen. Sie erreichen dabei eine Drehgeschwindigkeit von einem halben Spin, was, übertragen auf die Geschwindigkeit eines Fahrzeugs, 150.000 km pro Sekunde, also halbe Lichtgeschwindigkeit, bedeutet. Nun hören wir in den letzten Jahren in esoterischen Kreisen häufiger, dass die Schwingung dieser Erde und ihrer Bewohner demnächst angehoben wird. Nur kann keiner sagen, was das heißen und wie das vor sich gehen soll. Vielleicht ist ja damit eine Erhöhung der Rotationsgeschwindigkeit im Atomkern gemeint. Die uns bekannte Materie würde sich voraussichtlich total verändern. Nur wie, weiß – Gott sei Dank – noch keiner.

Die Biophotonenphysik spricht davon, dass das Licht der Kommunikation der Zellen unseres Körpers dient. Das Licht kommt ursprünglich aus der Sonne, wird in der DNS-Spirale der Zellen gespeichert und je nach Bedarf in einer bestimmten Frequenz wieder abgegeben. Dass dabei keine Pannen passieren dürfen, zeigt folgendes Beispiel: Die Wissenschaft weiß, dass die überlebenswichtige Zellreparatur nur unter dem Einfluss des blauvioletten Lichts erfolgt. Man spricht von der so genannten Photoreparatur, die Schäden der Chromosomen innerhalb weniger Stunden fast vollständig behebt, sobald man die kranken Zellen mit schwachem Licht – sei es Kunstlicht oder das aus Heilerhand – der genannten Wellenlänge beleuchtet. Weiterhin fand man heraus, dass z.B. Krebs auslösende Stoffe diese Reparatur dadurch verhindern, dass sie die gesetzmäßigen Lichtprozesse stören. Während beispielsweise das harmlose Benzo(e)pyren für blauviolettes Licht durchlässig ist, absorbiert Benzo(a)pyren das blauviolette Leuchten, verfälscht seine Farben und leitet es teilweise als Infrarotstrahlung weiter. Benzo(a)pyren kommt im Tabakrauch, in Autoabgasen und im Fabrikrauch vor.

Nun bekommt niemand Krebs, der nicht eine seelische Disposition dafür hat. Am 30.11.99 war in der TV-Talkshow „Boulevard Bio“ Christian Wolff, der Förster der Nation aus der TV-Serie „Forsthaus Falkenau“, zu Gast. Unter anderem erzählte er, dass er jahrzehntelang intensiv geraucht habe, an vielen Tagen bis zu 60 Zigaretten. Aber nach wie vor erfreut er sich guter Gesundheit. Andere haben nie geraucht, lebten ausgesprochen gesund und sind trotzdem an Lungenkrebs gestorben. Die Wissenschaft entdeckt zwar ständig neue materielle Auslöser für Krebs, bleibt aber blind für die Tatsache, dass jede Krebserkrankung massive seelische Ursachen hat und nur deren Vorhandensein äußeren Faktoren erlaubt, Zellen zu unkontrolliertem Massenwachstum anzuregen. Und weil dem so ist, bricht der Krebs häufig nach einiger Zeit wieder aus, da man den Betreffenden zwar operiert, bestrahlt und mit Chemotherapie traktiert hat, aber nichts gegen den ursächlichen seelischen Konflikt getan wurde. Das sollte mir im Falle meiner eigenen Krebserkrankung nicht passieren, und so setzte ich mich nachträglich mit der Botschaft meiner Krankheit auseinander und zog, ohne lange zu zögern, die schmerzhaften, aber von mir als zwingend notwendig erkannten Konsequenzen.

Meine Schmerzen begannen bereits ein dreiviertel Jahr bevor man meinen Dickdarmtumor durch Röntgen feststellte. Mal wurden sie für Signale eines eingeklemmten Nervs gehalten, mal für die einer Blinddarmreizung. Als der Tumor schließlich entdeckt wurde, stand ich kurz vor einem Darmverschluss. Da ich mich ja für die seelischen Ursachen blind gemacht hatte, entgingen mir natürlich auch die körperlichen Signale, bzw. ich deutete sie genau so falsch wie mein behandelnder Arzt. Infolge des Tumors wurde mir ein Teil des Dünndarms und der aufsteigende Ast des Dickdarms entfernt. Ich erholte mich rasch und verließ nach sieben Tagen wieder die Klinik. Bereits drei Tage nach der Operation hatte ich mich in der Zurückgezogenheit meines Krankenzimmers zu einer totalen Veränderung meines Lebens entschlossen. Ich kündigte meiner damaligen Frau an, mich bald scheiden zu lassen, entschloss mich, meine Führungsrolle als Gründungsmitglied unserer Heilergemeinschaft sofort aufzugeben und mich so schnell wie möglich von meinem geliebten großen Wohnhaus zu trennen, in dessen Mauern die wichtigsten Entscheidungen meines bisherigen Lebensweges gefallen waren, und das damit leider aber auch zu einem Symbol für das Vergangene und Überholte geworden war. So wie ich mich von einem Teil meines Körpers trennen musste, wollte ich alles zurücklassen, was nicht mehr meiner Vision von der Zukunft entsprach. Da ich meinen Krebspatienten aus psychologischen Gründen immer empfohlen hatte, alles zu tun, was ihnen die Medizin in ihrem Fall riet, entschloss ich mich, die mir angetragene Chemotherapie auch durchführen zu lassen. Als ich aber nach mehreren Infusionen ihre äußerst negative und destruktive Wirkung auf meinen Körper und mein Gemüt spürte, kündigte ich ganz schnell schriftlich ihre Fortführung. Der mich behandelnde Professor und Leiter der entsprechenden Klinik schrieb zu meinem nicht geringen Erstaunen zurück, dass er meinen Schritt verstehen und akzeptieren würde, und dass er mir für meine weitere Genesung gute Chancen einräume. Das größte Wunder aber war für mich, wie gut mein Körper diesen schweren Eingriff überwand und den Verlust großer Darmteile einfach so wegsteckte, dass ich von dieser Veränderung in meiner Bauchhöhle bis heute nichts spüre. Das hat mir – der ich nie sonderlich körperbewusst lebte – zu einem neuen Respekt vor diesem treuen Freund und Wegbegleiter verholfen.

21.
Intuition – die Kommunikation mit dem Höheren Selbst

Die Menschen sind oft verblüfft oder gar erschreckt, wenn ich ihnen bereits nach einigen Minuten unserer ersten Begegnung Dinge über sie sage, die ich eigentlich nicht wissen kann. Verantwortlich dafür ist nicht meine Rollenpersönlichkeit oder mein Ego, sondern mein Höheres Selbst, der Geist im Menschen. Tatsächlich hat jeder Mensch schon einmal die Erfahrung dieser inneren Stimme gemacht, ohne ihr in der Mehrzahl der Fälle große Bedeutung beizumessen. Wie oft hatten Sie, lieber Leser, bei der Suche nach Problemlösungen oder Antworten auf wichtige Fragen einen spontanen ersten Impuls und haben ihn dann wieder verworfen? Meistens meldet sich sofort unser Tagesbewusstsein und der Verstand, um uns wortreich davon zu überzeugen, dass dieser Impuls und die Lösung bzw. der Weg, den er uns aufzeigt, durch keine bisher gemachte Erfahrung gedeckt ist und somit nichts anderes als ein Hirngespinst sein kann. Bald darauf zeigt uns der Fortgang der Ereignisse, dass es doch besser gewesen wäre, auf diese unerwartete Stimme aus unserem Innersten zu hören.

Als Kinder unserer Zeit sind wir auch Sklaven unseres Kommunikationsstils. Wir sind gewohnt, das Laute und Grelle eher wahrzunehmen und ihm höheren Wert zuzuschreiben als dem Subtilen und Feinen. Die Medien überschütten uns tagtäglich mit einer Flut sinnenbetäubender akustischer und optischer Reize, und auch in unserem Alltag erleben wir, dass sich das Grobe und Kraftvolle meistens gegenüber dem Empfindsamen und Ätherischen durchsetzt. Wie ich es auf den ersten Seiten meines Buches „Die Flamme der Erkenntnis“ beschrieb, begann meine innere Kommunikation mit einer lauten Stimme, die so klang, wie bei einem verkörperten Menschen, nur dass der Sprecher zu meinem großen Erstaunen aus meinem Inneren heraus zu mir sprach. Doch bald verstummte er wieder, und seine Botschaften traten von da an so in mein Bewusstsein, wie eine E-mail auf dem Bildschirm erscheint. Diese Veränderung war begleitet von einer merkwürdigen Erfahrung, die ich Anfang 1980 nach intensiven Meditationen erstmalig machte und die mich bis heute nicht mehr verlassen hat. Ich begann in meinem Kopf ein seltsames Singen zu hören, das mich anfänglich sehr irritierte und an ein krankhaftes Ohrgeräusch denken ließ. Allerdings war es nicht störend und ließ sich willentlich in mein Bewusstsein heben oder wieder daraus verbannen. Ende der 90er-Jahre entdeckte ich zu meiner Überraschung die Beschreibung dieses Tones in einem Artikel über Formen des Yoga. Dort wurde ein vedischer Gesang zitiert, der diesen Klang als besonderes Zeichen eines entwickelten Chakra-Systems und insbesondere des Scheitel-Chakras pries.

Im Laufe der Jahre habe ich großen Nutzen aus diesem inneren Gespräch gezogen. Voraussetzung war allerdings, dass ich den mir auf diesem Weg zufließenden Informationen größeren Glauben schenkte als den auf Logik und Erfahrung fußenden Argumenten meines Verstandes. Alles Wesentliche, was sich in meinem Leben seit zwanzig Jahren ereignet hat, wurde durch diese Art der Kommunikation angekündigt und vorbereitet. Dafür war aber meinerseits auch Disziplin und Gehorsam nötig. Und vor allem musste ich dem Gehörten Glauben schenken: Sei es die Ankündigung einer neuen spirituellen Partnerin, obwohl ich in einer glücklichen Beziehung lebte, sei es das Loslassen aller materieller Sicherheiten, die ich als selbstständiger Unternehmer und ein in diese Gesellschaft gut integrierter Erfolgsmensch besaß. Immer wieder war diese innere Stimme auch eine große Prüfung des Vertrauens. Als ich nach meiner Krebsoperation noch im Krankenhaus lag, hörte ich, dass meine damalige Schülerin und jetzige Frau Sylvia meine zukünftige Partnerin sei, und dass ich bereit sein müsse, zwei weiteren Seelen, die auf ihre Inkarnation warteten, als meine leiblichen Kinder anzunehmen und ihnen den Weg zu bahnen. Nun ging ich zu diesem Zeitpunkt schon stark auf die 50 zu, hatte bereits zwei erwachsene Kinder und zwei liebe Enkeltöchter und war eigentlich froh, dieses verantwortungsvolle Kapitel in meinem Leben glücklich hinter mich gebracht zu haben. Als ich mit Sylvia darüber sprach, erzählte sie mir, dass sie, gerade junge Witwe geworden, eines Tages in ihrem neuen Haus, das sie und ihr erster Mann noch gemeinsam planten, in einer Meditation eine seltsame Vision hatte. Sylvia sah sich zu ihrer großen Überraschung und ohne äußeren Anlass plötzlich an einen Strand am Meer versetzt. In ihrer Umgebung spielten zwei fast gleichaltrige Kinder, ein Junge und ein etwas jüngeres Mädchen, im Sand. Sie wusste sofort, dass das ihre Kinder waren, obwohl sie erst ein halbes Jahr vorher ihren Mann beerdigt hatte und noch um ihn trauerte. Daher hatte sie alles andere im Sinn, und deshalb konnte von einem neuen Partner, mit dem ein solcher Traum nur Realität werden könnte, zu diesem Zeitpunkt noch gar keine Rede sein. Sie vergaß dieses sie stark berührende Bild wieder und wurde erst durch mich erneut daran erinnert. Inzwischen haben sich unser beider Visionen und Botschaften konkretisiert und materialisiert: Aaron und Irina kamen kurz hintereinander zur Welt und scheinen diese beiden Kinder zu sein, die uns angekündigt wurden.

Zur äußeren Manifestation meines inneren Wissens benutze ich in manchen Bereichen gern einen Pendel. Am verblüffendsten fand ich immer die Richtigkeit seiner Botschaft bestätigt, wenn ich in der Praxis meiner damaligen Frau für mir unbekannte Patienten verdeckt Bach-Blüten auspendelte. Die im Begleitbuch zu dieser Therapieform gemachten psychologischen Symptombeschreibungen passten immer haargenau zu dem Persönlichkeitsbild des Betreffenden.

Aber auch im Schlaf bzw. Traum spricht unser Höheres Selbst öfter zu uns und zwar, meiner Erfahrung nach, immer dann, wenn die Botschaft sehr komplex ist und der bildlichen Untermauerung bedarf. Am Sonntag, den 31.10.99, demReformationstag, war ich im nordrheinwestfälischen Werne zu Besuch. Ich hielt mich dort zu einem Treffen mit meinen Schülern aus dieser Gegend auf und wegen einer Autorenlesung, die am nächsten Tag stattfinden sollte. Ich war bei Freunden untergebracht, die mir freundlicherweise ihre Räume für meine Zwecke zur Verfügung stellten. Kurz vor sechs erwachte ich bereits, fiel danach aber noch einmal in eine Art Wachschlaf. Plötzlich wurde ich auf der inneren Ebene Zeuge eines dramatischen Geschehens. Ich befand mich in einer grünen und hügeligen Landschaft, als sich mir von links ein sehr großes Flugzeug in niedriger Höhe näherte. Der Pilot stoppte sein Flugzeug, das ruhig in der Luft stehen blieb, öffnete sein Fenster in der Kanzel und fragte mich nach dem Weg zum nächstgelegenen Flugplatz. Ich zeigte ihm mit ausgestrecktem Arm die Richtung, in der der nahe Flugplatz auf einem Hochplateau lag, das ringsum von hohen Bäumen umsäumt war. Er bedankte sich und flog weiter. Dann bemerkte ich, dass die Flughöhe der Maschine viel zu niedrig war, um das hoch gelegene Plateau zu erreichen. Im gleichen Moment hörte ich, wie die Motoren aufheulten und sah, wie der Pilot die Maschine steil nach oben zog. Dabei stieß das Flugzeug etwas wie eine Wasserwolke aus. Später dachte ich, dass das Kerosin gewesen sein musste, das zur Gewichtsreduzierung abgelassen worden war. Doch es war zu spät. Das riesige Flugzeug streifte die

Baumkronen, drehte sich wie in Zeitlupe auf den Rücken und krachte aus niedriger Höhe zu Boden.

Im Traum wechselte ich plötzlich meinen Standort. Unvermittelt befand ich mich mitten auf dem Flugplatz. Um mich herum, im satten Grün einer großen Rasenfläche, standen, saßen und lagen viele Menschen in ganz weißer Kleidung. Ich hatte den Eindruck einer Party beziehungsweise eines Picknicks im großen Stil. Es war nur merkwürdig, dass sich die Leute entweder gar nicht oder nur ganz langsam bewegten, so als würden sie schlafwandeln. Dann sah ich plötzlich ein kleines Mädchen mit langen Locken und weißem Kleidchen und Hütchen, das suchend durch die Menge auf mich zugelaufen kam. In diesem Moment hörte ich seit vielen Jahren wieder die vertraute und doch fast vergessene Stimme, die mir sagte: „Kümmere dich um das Kind!" Ich öffnete die Arme und das Kind warf sich hinein, und ich dachte noch, komisch, die Haut der Kleinen ist ja dunkelfarbig. Dann erwachte ich und war wie erschlagen von der Eindrücklichkeit des Erlebten. In meinem bisherigen Leben hatte ich höchstens ein halbes Dutzend Wachträume dieser Qualität erlebt, und jedes Mal blieben sie mir durch ihre besondere Lebendigkeit und Realitätsnähe lange im Gedächtnis. Und immer waren sie auch Signale für wichtige Ereignisse. Noch ganz unter dem Eindruck des visionären Traumes, berichtete ich meinen Gastgebern beim Frühstück ausführlich davon und erzählte den Traum auch meiner Frau, die ich noch anschließend anrief. Dann ging ich zu meiner Tagesarbeit über und vergaß in den vielen Gesprächen mein morgendliches Erlebnis.

Abends saßen wir in einem Restaurant, und ich rief noch einmal schnell meine Frau an, um zu hören, wie ihr Tag verlaufen war und um kurz zu erzählen, was ich so erlebt hatte. Das Erste, was sie nach der Begrüßung sagte, war: „Weißt du schon, dass das Flugzeug aus deinem Traum vor ein paar Stunden tatsächlich abgestürzt ist?!" So erfuhr ich von dem tragischen Absturz der ägyptischen Maschine, die vor der amerikanischen Küste mit mehr als 217 Menschen an Bord ins Meer gestürzt war. Bei dieser Nachricht lief es mir kalt den Rücken hinunter. Es war nicht die Tatsache, dass ich den Absturz vorher gesehen hatte, die mich so stark berührte. Nein, ich hatte schon häufiger präkognitive Träume und Visionen, die der Zeit voraus eilten. Es war vielmehr, dass mich das Bild des kleinen Mädchens – sobald ich wieder daran erinnert wurde – stark berührte und mir keine Ruhe ließ. Auch der Umstand, dass ich einen Absturz zu Land gesehen hatte, der doch tatsächlich über dem Meer stattfand, irritierte mich nicht. Hatte ich doch schon mehrfach erlebt, dass ich bei solchen Anlässen meistens die astrale Entsprechung des Geschehens wahrnehme; und das astrale Geschehen kann aus verschiedenen Gründen anders ablaufen als sein Gegenstück auf Erden. Jetzt wurde mir auch klar, warum die Menschen auf dem Flugfeld in meinem visionären Traum alle weiß gekleidet waren! Sie waren bereits in ihrem Astralkörper, und ich hatte nach ihrem physischen Tod gerade ihr Eintreffen auf dieser Sphäre beobachtet. Deshalb diese langsamen und schlafwandlerischen Bewegungen! Die Betreffenden waren noch mitten in der Umstellung und dem Prozess des Wiedererwachens auf dieser Seelenebene. In gewisser Weise beobachtete ich ihren Geburtsprozess in ihrer neuen Heimat, der anders abläuft, als bei uns hier auf Erden. Nun wurde mir auch klar, dass der Auftrag, „Kümmere dich um das Kind“, sozusagen meiner astralen Persönlichkeit und nicht mir, der irdischen Verkörperung meiner alle Ebenen umfassenden Gesamtpersönlichkeit gegeben wurde. Trotzdem grübele ich noch heute manchmal darüber nach, warum ich offensichtlich das Ganze auch in meinem menschlichen Tagesbewusstsein miterleben sollte. Bis jetzt habe ich darauf noch keine Antwort gefunden. Aber die Kleine geht mir nicht aus dem Kopf und ich frage mich oft, was drüben aus ihr geworden ist. Es kommt mir so vor, als bestünde zwischen uns eine sehr innige Verbindung. Vielleicht ist das ja die Antwort!

22. Worin unterscheidet sich magisches von geistigem Heilen?

Die große Unwissenheit, die oft in esoterischen Kreisen herrscht, führt dazu, dass häufig alle nicht-physischen Energien und Heilmethoden generell als „spirituell", also geistig, bezeichnet werden. Unterschiedslos wird Seelisch/Magisches und Geistiges in einen Topf geworfen; und das kann im Zweifelsfall geradezu gefährlich werden.

Vergleichen wir einen Menschen mit einem Ei, so entspricht die Schale unserem physischen Körper, das Eiweiß der Seele und das Eigelb dem Geist; und nur in letzterem entwickelt sich das neue Leben des Kükens, werden wir geistig wiedergeboren. Eiweiß und Schale, wie Seele und Körper, dienen lediglich der Offenbarung unseres eigentlichen Lebens, das rein geistiger Natur ist. Das bedeutet aber auch, dass unser Geist ein Ausdruck der göttlichen Einheit ist, die Seele dagegen ein Kind der Schöpfung. Alle Schöpfung ist dual und damit auch polar; und deshalb reden wir auch von positiven und negativen Seelenkräften und weißer und schwarzer Magie.

Eines Nachts wurde mir eine Botschaft übermittelt, die mir helfen sollte, meinen Schülern und Patienten das Wesen des Menschen mit Hilfe eines modernen Gleichnisses verständlich zu machen. In der eindrucksvollen Vision wurde mir ein modernes Verzehrkino vor Augen geführt, in dem auch geraucht wurde, und wo viele Zuschauer wie gebannt auf die Leinwand starrten. Hinter ihnen und hoch oben befand sich der Vorführraum mit dem Projektor. Intuitiv verstand ich, dass seine starke Lichtquelle dem Geist im Menschen entsprach. Vor diesem Licht liefen die einzelnen Bilder des Films ab, die durch das Feld des Seelischen, den Zuschauerraum, auf die Leinwand der Materie, unser irdisches Leben, projiziert wurden. Der Film und seine Einzelbilder repräsentierten die Fülle der Absichten des Geistes und symbolisierten damit die Kausalebene, die ursächlich unser Leben gestaltet. Der aufsteigende neblige Zigarettenrauch entsprach durch seine Flüchtigkeit dem Denken und Fühlen der Zuschauer. Die Rauchschwaden brachen zwar teilweise das Licht des Projektorstrahls und verfälschten somit leicht die Filmwiedergabe, konnten aber die Bildprojektion nicht wirklich verhindern, was besagt, dass unser falsches Denken und unsere ungezügelten Emotionen die Impulse unseres Geistes erschweren, aber nicht endgültig zum Schweigen bringen können. Die Zuschauer waren die tagesbewussten Egos der Menschen, die, so gefangen von dem, was sich scheinbar real auf der Leinwand vor ihnen abspielte, ganz vergessen hatten, wo die wahre Quelle allen Geschehens lag.

So groß wie der Unterschied zwischen dem Vorführ- und dem Zuschauerraum in dem Gleichnis ist, so groß ist er auch zwischen Geist und Seele. Daraus folgt, dass die Energien, die beim magischen Heilen zum Tragen kommen, von ganz anderer Natur und Qualität sind als die des geistigen Heilens. Auch in ihrer Vermittlung und Übertragung gibt es große und grundsätzliche Unterschiede. Magie ist gleichnishaftes Handeln, das analoge Wirkungen und Ergebnisse auf nicht-physischer Ebene erzielen will. Dazu bedient sich die weiße wie die schwarze Magie verschiedener „Werkzeuge": Anrufungen, das Singen bestimmter Klangfolgen, das Tragen spezieller Kleidung, ausgewählte Bewegungen und Tanzrhythmen, das Zeichnen magischer Symbole und Beschwörungsformeln, die Nutzung von Mantras und Sutras und der Einsatz von materiellen Gegenständen, wie Edel- und Halbedelsteinen, Kerzen, Weihrauch, Amuletten und Fetischen und die Imagination von Naturgeistern sind beispielsweise solche Hilfsmittel, die seelische Energien freisetzen sollen. Das Geistige Heilen dagegen kommt ohne all das aus!

Diese magischen Techniken und ihre Hilfsmittel kann jeder lernen. Es ist keine Initiation im Sinne einer persönlichen Einweihung und Unterweisung durch einen wirklichen Meister von Nöten. Weil das so ist, gibt es zum Beispiel die Reiki-Einweihung und ihre Techniken heute schon auf Videokassette, und deshalb machte der Zauberlehrling aus Goethes gleichnamiger Ballade so schlechte Erfahrungen, als er heimlich in seines Meisters Buch las, das Gelesene einfach nachahmte und dann die Geister, die er rief, nicht mehr los wurde. In den letzten Jahren habe ich mehrere Siddhis-Ausübende (Siddhis = magische Kräfte des Yoga, wie Levitation, Wandern über dem Wasser usw.) der Transzendentalen Meditation und so genannte Reiki-Meister initiiert. Alle waren sehr erstaunt, eine neue Lichtqualität zu erfahren, die sie bisher nicht kannten und die sie vorher auch mit dem Brustton der Überzeugung in Abrede gestellt hätten. So lernten sie den Unterschied zwischen magischem und geistigem Licht kennen. Die Gefahr bei der Ausübung magischer Heiltechniken besteht darin, dass die polare Natur dieser Energien es zulässt, dass die Befindlichkeit des Ausübenden sich ungewollt negativ auf den Empfänger auswirken kann. Kurz gesagt: Auch Stimmungen und astrale und mentale Energieformen, so genannte Elementale, können sich fallweise vom Geber auf den Nehmer übertragen. Insbesondere dann, wenn sich der magische Heiler seines seelischen Schattens nicht bewusst ist und ihn deshalb auch nicht in Rechnung stellt. So behauptete dann ein Reiki-Meister, die bei seinem Patienten festgestellten Schatten in der Aura seien Besetzungen durch fremde Geister, die ein Clearing erforderlich machten, und war sehr betroffen, als ich ihm bewies, dass er zuvor seinen Kunden infiziert hatte. Beim geistigen Heilen dagegen lassen wir aus der Kausalebene das Einheitslicht des Geistes aus unseren Händen strömen, das keine Polarität kennt und sich jenseits von Gut und Böse befindet. Deshalb kann es auch nie schaden! Wir sind dann Kanal für die Kräfte und das Licht unseres Höheren Selbst, dem Projektor aus dem Kino-Gleichnis.

In den vergangenen Jahren war ich mehrfach letzte Anlaufstelle für Menschen, die durch die Ausübung magischer Techniken Schaden erlitten hatten. Aber noch nie hörte ich Gleiches von meinen oder meiner Schüler Patienten oder denen anderer Geistheiler. Doch auch Initiierte können Opfer magischer Praktiken werden, wenn ihr Karma es verlangt: Armin, einer unserer deutschen Schüler, lebte und arbeitete seinerzeit als Heilpraktiker in Cuzco. Durch sein selbstsicheres und zuweilen arrogantes Auftreten schaffte er sich in der dortigen Gesellschaft viele Feinde. Eines Tages bemerkte er, dass die Zahl seiner Patienten immer mehr zurückging, obwohl er in der Behandlung insbesondere seines indianischen Klientels viel Erfolg aufzuweisen hatte. Er hatte sich gerade von seiner indianischen Ehefrau, mit der er ein gemeinsames Kind hatte, im Streit getrennt und bat meine damalige Frau und mich, anlässlich unseres Besuches, in diesem Konflikt zu vermitteln. Im Rahmen unserer intensiven Gespräche kam auch bezüglich des Versorgungsausgleichs bald die Rede auf seine angespannte finanzielle Situation und den unerklärlichen Rückgang seiner Patientenzahl. Unsere Intuition sagte uns, dass da alte indianische Magie im Spiel war, und tatsächlich fand er nach unserer Abreise mit Hilfe eines befreundeten Inka-Schamanen heraus, dass Unbekannte nachts in seinem Garten einen schwarzmagischen

Fetisch vergraben hatten, der für sein Unglück verantwortlich war. Als er das betreffende Objekt im Rahmen eines Rituals durch den Schamanen wieder entfernen ließ, ging es mit seiner Praxis bald darauf wieder aufwärts.

Wie schon oft in diesem Buch gesagt, widerfährt uns nichts zufällig oder willkürlich. Alles, was uns begegnet, steht in Bezug zu uns, spiegelt uns. So kam auch die unerlöste Machtstruktur Armins im Rahmen von Reinkarnationstherapien zum Vorschein, die er bei mir anlässlich eines Heimaturlaubs machte. Er selbst war in einem vergangenen Leben ein großer Magier gewesen und hatte seine seelischen Kräfte zu seinem materiellen Vorteil missbraucht. Als er von mir aus wieder zurück in sein Elternhaus fuhr, rief er mich einige Tage später sehr erregt und betroffen an. Ich hörte schon bei seinen ersten Worten am Telefon im Hintergrund ein merkwürdig dumpfes Schlagen und laute Schreie. Es war seine Schwägerin, die man in der Toilette eingesperrt hatte, und die lautstark ihre Freilassung forderte. Armin erklärte mir, dass er deswegen anrief, weil er und seine Familie sich keinen anderen Rat mehr wüssten. Seine junge Schwägerin hatte nach magischen Ritualen und Anrufungen, die sie zusammen mit ihrem Mann in einer Gruppe zelebrierte, erschreckende Veränderungen in ihrem Verhalten gezeigt. Sie war abwechselnd einmal wie abwesend und dann wieder äußerst aggressiv und hatte vor kurzem begonnen, ihren entsetzten Mann ohne Vorwarnung körperlich anzugreifen. Sein Bruder wollte Armin nichts weiter über diese Rituale und die Gruppe, die sie durchführte, sagen, nur so viel, dass die Techniken altgermanischen Ursprungs seien und die Götterwelt unserer Vorfahren dabei eine große Rolle spielen würde. Ich befragte mein Höheres Selbst und hörte, dass das Bewusstsein der jungen Frau durch die Rituale in einer astralen Zwischenebene gefangen sei. Ich sollte ihr Licht senden, könnte aber aus karmischen Gründen im Augenblick nichts weiter tun. Ich sagte das Armin und empfahl ihm, die Patientin zu ihrem eigenen Schutz und zum Besten der Familie für einige Tage in die Psychiatrie einweisen zu lassen. Tage später erfuhr ich, dass sich nach meiner Ferntherapie das Verhalten seiner Schwägerin langsam wieder normalisiert und man deshalb auf eine Einweisung verzichtet hatte. Allerdings ließ sie nichts auf die Dinge kommen, die sie praktizierte und auch weiter ausüben wollte, und gab allein ihrem Mann die Schuld, der angeblich einen Fehler bei der Durchführung des Rituals gemacht hätte. Ihr Mann wiederum sah in ihr die Schuldige und wies alle Verantwortung weit von sich. Da wusste ich, dass beide unbelehrbar waren und verzichtete auf weitere Behandlungen.

23. Elektrosmog – die unterschätzte Geißel unserer Zeit

Seit Erfindung der Elektrizität und bis in die späten Siebziger Jahre des vergangenen Jahrhunderts waren wir der Ansicht, dass dem Menschen das Frequenzgemisch, dem wir durch die Nutzung elektrischer Anlagen und Geräten ständig ausgesetzt sind, relativ wenig ausmacht. Wir hielten die technisch erzeugten elektromagnetischen Felder für viel zu schwach, um im Körper Schaden anzurichten. Ich selbst wurde erst 1985 auf dieses Phänomen aufmerksam, als ich bei den Mitgliedern einer Patientenfamilie mit der Tatsache ständig blockierter Haupt-Chakras und häufigem Unwohlsein konfrontiert wurde. Stutzig geworden, besuchte ich die Familie, um mit Hilfe meines Pendels festzustellen, ob vielleicht Erdstrahlen, wie ich anfänglich vermutete, dafür verantwortlich wären. Aber ich konnte im Haus nichts finden. Beim Gang um das Anwesen herum entdeckte ich nebenan ein Transformatorenhäuschen des örtlichen Elektrizitätswerks, von dem ein kraftvolles linksdrehendes Feld ausging, das die Bewohner des betreffenden Hauses offensichtlich unterschiedlich stark beeinflusste.

Ich machte mich daraufhin auf die Suche und fand in Berichten einschlägiger Literatur erste Hinweise auf eine amerikanische Studie, die ein erhöhtes Leukämie-Risiko für Kinder feststellte, die in der Umgebung von Hochspannungsleitungen lebten. Bald darauf hörte ich zum ersten Mal von einem erhöhten Fehlgeburten-Risiko bei Bildschirmarbeitern. Dass uns diese künstlich erzeugten elektromagnetischen Felder beeinflussen, ist eigentlich nicht erstaunlich. Haben doch alle Lebensvorgänge in unserem Körper mit dem Verschieben von Ladungen und dem Fließen von Strömen zu tun. So hat unser Körper mit dem Nervensystem sogar ein eigenes Leitungsnetz zur Übertragung elektrischer Impulse geschaffen. Unser Gehirn sendet seine Wellen in Frequenzen von 1 bis 50 Hz aus. Die technische Netzspannung und damit natürlich auch die Elektroinstallationen in unseren Häusern beträgt ebenfalls 50 Hz und liegt damit beispielsweise gefährlich nahe an den natürlichen Schwingungsfrequenzen unserer Gehirnzellen.

Neulich kam auf Empfehlung ein Ehepaar zu mir, weil Alexandra W., 35, die junge Ehefrau, zunehmend unter Angstzuständen litt. Auch bei ihr stellte ich bei jedem Behandlungstermin fest, dass mehrere Haupt-Chakras und die Knie-Chakras immer wieder aufs Neue blockiert waren. Ich besuchte die beiden in ihrem Haus und fand tatsächlich Wasseradern unter ihrem Ehebett. Im anschließenden Gespräch kam nach und nach die ganze traurige Familiengeschichte zum Vorschein, und alarmiert erkannte ich die Brisanz, die diese Erdstrahlen bereits in der Vergangenheit für die Gesundheit aller Familienangehörigen gehabt hatten. Die Eltern des Mannes hatten das Haus gebaut, dessen Baugrube bereits gleich zu Beginn voll Wasser lief. Vor einigen Jahren waren Vater und Mutter nacheinander an Krebs erkrankt und auch daran gestorben. Die beiden Söhne litten an unterschiedlichen Krankheitsbildern, der Ehemann von Alexandra unter anderem an einer mangelhaften Produktion der Geschlechtsdrüsen und war deshalb, da beide sich sehnlichst Kinder wünschten, schon länger bei einem Facharzt in Behandlung. Alexandra selbst musste, ein Jahr nach der Hochzeit und ihrem Einzug in das Haus ihres Mannes, die Schilddrüse entfernt werden. Beide schliefen schlecht und litten morgens oft unter Mattigkeit und Unlust. Ich fragte sie, ob sie eine Katze hätten. Sie verneinten das, sagten aber, dass sich die Katze der Nachbarin ständig bei ihnen aufhielt und kaum zu vertreiben sei, was – wie wir schon gehört haben – ebenfalls ein sicheres Indiz für das Vorhandensein linksdrehender Felder ist. Im Rahmen meiner Untersuchung vor Ort demonstrierte ich ihnen mit dem Pendel, der entsprechend starke Linksdrehungen aufzeigte, wie gefährlich es war, in unmittelbarer Bettnähe ein Fernsehgerät und einen Radiowecker stehen zu haben und erklärte ihnen, dass Erdstrahlen und die Abstrahlung der elektrischen Geräte gemeinsam eine Atmosphäre schufen, die für ihre Gesundheit sehr gefährlich war und ja bereits schlimme Wirkung gezeigt hatte, wie ihre und der Eltern Krankengeschichte bewies.

Wieso können uns Erdstrahlen und besonders technische Magnetfelder so stark negativ beeinflussen? Die Antwort lautet: Weil sie eine Abweichung vom natürlichen Erdmagnetfeld sind, an das sich alle Organismen seit Urzeiten gewöhnt haben. Wir können diese Felder normalerweise nicht fühlen, weil uns dafür ein entsprechender Sinn fehlt. Aber trotzdem gibt es ein unerklärliches Wahrnehmen dieser Frequenzen durch unseren Körper. Möglicherweise sind dafür Magnetit-Kristalle, die man in den menschlichen Gehirnzellen gefunden hat, verantwortlich. Sie richten sich wie Kompassnadeln am Erdmagnetfeld aus und ähneln damit verblüffend den Eisenoxid-Kristallen am Ende des Trigeminusnervs der Zugvögel, die den Tieren die Orientierung im Erdmagnetfeld ermöglichen. Vielleicht erklärt die Existenz der Magnetit-Kristalle auch die atmosphärisch verursachten Kopfschmerzen vieler Menschen, die sich selbst zeitlebens als sehr wetterfühlig erlebt haben. Mir machte ihre Entdeckung klar, warum ich Patienten, die häufig unter Kopfschmerzen litten, immer so gut helfen konnte.

Arbeitete ich als Heiler doch selbst mit elektromagnetischen Wellen und Feldern natürlicher Art.

Seit langem besitze ich, wie viele andere, ein Handy, benutze es aber nur als Autotelefon, da mir seine Gefährlichkeit für meine Gesundheit wohl bewusst ist. Handys strahlen im Hochfrequenzbereich, die Pulsfrequenz des digitalen Mobilfunks liegt bei 217 Hz. Bei der Hochfrequenzstrahlung (HF) unterscheiden wir ab 3 Gigaherz zwischen ihrer thermischen und ihrer nichtthermischen Wirkung. Über den thermischen Effekt herrscht in der Wissenschaft Einvernehmen. Niemand bestreitet seine Existenz. Dieser Effekt führt zu einer Erwärmung des Gesamtkörpers oder einzelner Organe. Nun muss bereits ab einer Temperaturerhöhung von 1°C mit gesundheitlichen Störungen gerechnet werden. Bei äußeren Wärmequellen können wir ausweichen oder uns vor ihnen schützen. Auch der Körper hat seinen Schutzmechanismus. Die Hautrezeptoren erkennen die Aufwärmung und reagieren mit verstärkter Durchblutung, um die Wärme im ganzen Körper zu verteilen oder uns mit Hilfe der Schweißsekretion abzukühlen. Das Dumme ist nur, dass dieser Schutzmechanismus unseres Körpers bei HF-Strahlen nicht funktioniert. Der größte Teil ihrer Energie wird von tieferen Gewebeschichten aufgenommen, da vor allem wasserhaltiges Gewebe diese Strahlung absorbiert und die Haut relativ wasserarm ist. Die Wärmesensoren auf der Hautoberfläche werden deshalb kaum angesprochen und die nötige Temperaturregulierung bleibt aus. Die Gefahr besteht also darin, dass wir innere Überhitzung nicht spüren können; und wenn sie uns nicht bewusst wird, könnten wir auch nicht darauf reagieren, weder automatisch auf der Körperebene noch durch äußeres Ausweichen oder Vermeiden. Daher sind Organe mit schlechter Wärmeleitfähigkeit und schlechter Durchblutung, wie z.B. die Hoden, der Glaskörper und die Linsenregion des Auges, durch HF-Strahlung besonders gefährdet.

Weiterhin hat die Wissenschaft beispielsweise entdeckt, dass Elektrosmog das Krebswachstum fördert, indem selbst schwache magnetische Wechselfelder die Zellteilungsrate beschleunigen. Enzyme, Hormone und Botenstoffe werden durch Elektrosmog beeinflusst. Vor allem das Hormon Melatonin und seine Vorstufe Serotonin sind davon betroffen. Melatonin wird von der Zirbeldrüse produziert, die Hormone herstellt, die für die Aufrechterhaltung des Immunsystems wichtig sind. Nun fragt es sich: Wieso wirken dann die heilerischen Magnetfelder gesundheitsfördernd? Nun, als Heiler sende ich keine Wechselfelder, die durch Wechselstrom erzeugt werden, aus, sondern gleichförmig strömende Felder, wie sie auch der elektrische Gleichstrom aufweist. Beim Wechselstrom wechselt Plus und Minus ständig von links nach rechts und wieder zurück. Aus den Händen eines Geistheilers strömt immer aus der rechten Hand die positive Yang- und aus der linken die negative Yin-Energie.

24.
Einweihung – die Begegnung mit dem Gott in uns

„Mensch, erkenne dich selbst…“ soll über dem äußeren Tor des Orakels von Delphi gestanden haben. Der Eintretende habe dann auf dem inneren Torbogen die Inschrift lesen können: „Und erkenne, dass du Gott bist.“ Es gibt viele Arten der Einweihung, viele Wege, um zu unserem Höheren Selbst, dem göttlichen Geist in uns, zu gelangen. Es muss keineswegs immer im Rahmen eines Rituals oder einer Zeremonie geschehen, und nicht immer ist ein Dritter, ein Hohepriester, Meister oder Guru, von Nöten. Einweihung muss auch nicht zwingend in Pyramiden, Tempeln oder in den heiligen Räumen anderer sakraler Bauten stattfinden.

Meine eigene Einweihung fand ganz unspektakulär an einer Bushaltestelle statt. Eines Tages, Anfang der achtziger Jahre, war ich mit meinem Auto unterwegs zu einem Geschäftstermin. Ich fuhr frühmorgens über eine Höhenstraße, die über einen Bergrücken in der Nähe meines damaligen Wohnortes führte. Der Himmel war stark bewölkt, und es sah danach aus, als wenn es gleich zu regnen anfangen würde. Doch plötzlich riss die Wolkendecke zu meiner Linken auf, und der aufsteigende, rot glühende Ball der Sonne wurde schlagartig sichtbar. Überrascht schaut ich im Fahren hin und spürte sofort, dass irgendetwas sehr Seltsames geschah. Ich folgte einem inneren Impuls und lenkte meinen Wagen in die

Einbuchtung einer Bushaltestelle, die ich etwa hundert Meter vor mir entdeckte. Dort brachte ich das Auto zum Stehen und schaute wieder gebannt zur Sonne. Sie war inzwischen höher gestiegen und sah durch die atmosphärischen Bedingungen – so erklärte es mir zumindest mein Verstand – wie ein riesengroßer Lampion aus. Ihr Leuchten nahm zu, wurde gleißend und doch konnte ich kein Auge von ihr lassen. Ich fühlte eine nie gekannte Ergriffenheit und ein überwältigendes innerliches Angerührtsein, so dass mir Tränen die Wangen hinab flossen. Ich hatte im Laufe meines Lebens schon viele faszinierende Sonnenauf- und Sonnenuntergänge gesehen. Im Norden und im Süden, im Winter und im Hochsommer. Aber keiner von ihnen war auch nur annähernd wie dieser. Und das auch noch ganz unverhofft! Ich verließ meinen Wagen, lehnte mich gegen die Fahrertür und beobachtete weiter ununterbrochen das persönliche Sonnenwunder, das mir da geschah. Innerlich gab man mir zu verstehen, dass dieses Geschehen nur eine Offenbarung für mich sei und es niemand anderes jetzt so erleben würde. Ich hatte das Gefühl, dass diese Stimme Gott war! Meine Seele und mein ganzer Körper wurden von diesem Licht ergriffen. Ich fühlte mich unendlich glücklich und bereichert. Gleichzeitig erlebte ich mich so angehoben, leicht und schwerelos, dass es mich überhaupt nicht gewundert hätte, wenn ich dort auf der Stelle angefangen hätte zu schweben. – Es geschah nichts weiter. Die Sonne zog wie immer ihre Bahn und wurde bald darauf wieder von Wolken verdeckt. Doch in mir war ein Wunder geschehen. Ich war, als ich wieder in den Wagen stieg, so voller Liebe, dass ich glatt platzen oder doch zumindest die ganze Welt hätte umarmen können. Es war ein unglaubliches und letztlich auch unbeschreibbares Geschehen und Gefühl gewesen. Niemals zuvor und niemals danach erlebte ich auch nur Ähnliches. Denn ich war mir, damals wie heute, ganz sicher, meinem Gott persönlich begegnet zu sein. Innerlich jubilierend und laut singend fuhr ich zu meinem Geschäftstermin. Mein Problem in den folgenden Tagen war, dass mein Herz zum Überlaufen voll war und sich allen mitteilen wollte. Doch etwas verschloss meinen Mund und hieß mich schweigen. Bevor ich es hier zu Papier brachte, denn nun soll ich nicht mehr schweigen, gab es nur zwei Personen, denen ich seitdem davon erzählt hatte. Jahre später schenkte mir Hans Bopp, ein befreundeter Maler und Grafiker, ein Bild, das den Weg von meiner Frau Sylvia und mir beschreiben soll und das er, ebenso wie das Titelbild zu meinem ersten Sachbuch, intuitiv empfangen hatte. Es zeigt eine Taube und einen Adler, die, von unterschiedlichen Ebenen kommend, beide nach oben in Richtung Sonne fliegen. Genau so hatte ich mich damals gefühlt; und so hat dieses Gemälde jetzt einen Ehrenplatz in unserem Haus. Mit diesem Tag meiner Einweihung beschleunigte sich meine Entwicklung sehr, und bald darauf begann meine Arbeit als spiritueller Lehrer, Heiler und Initiator.

Seit 1984 folge ich dem Ruf und initiiere Menschen, die Er mir zuführt. Ich erkläre meinen Schülern das Mysterium des Geistes im Menschen und mache ihnen meine Rolle dabei klar, damit es keine Missverständnis gibt bezüglich meines Auftrags. Wenn sie mich fragen, was ich eigentlich tue und was meine Berufung ist, so sage ich ihnen gern, dass ich eine Art Portier bin, der eine bestimmte Tür in ihnen öffnen soll. Diese Tür führt zum Allerheiligsten im Tempel des Herzens des Betreffenden. Dorthin, wo sein persönlicher Schatz ruht, den er nun aufgerufen ist, in Besitz zu nehmen. Dieser Schatz war schon immer da und wartet seit Anbeginn darauf, dass jeder von uns ihn hebt, damit er seinen wahren Besitzer schmücken und bereichern darf. Allerdings bin ich als Initiator nicht der Hochzeiter, der die Braut über die Schwelle trägt. Jeder muss diesen Raum allein betreten. Ich helfe nur, Hindernisse wegzuräumen und verwahre in Gestalt des Initiationsimpulses den Schlüssel, der diese Tür demjenigen öffnen kann, der sich danach sehnt. Deshalb lautet der Name dieser Initiation auch „Das Tor zum Höheren Selbst". „Die Initiation zum Geistheiler" ist nur ein Untertitel, der dadurch verdeutlichen soll, dass diese Befähigung nur eins von vielen Geschenken ist, die auf der Kausalebene – denn um diesen inneren Raum dreht es sich – auf uns alle warten.

Nun liegt es in der Natur der Menschen, dass nicht jeder gleich schnell und auch seinem Herzfunken nicht gleich nah ist, und so braucht der eine nach der Einweihung noch viel Zeit und Mut, um die Schwelle zu überschreiten, der andere macht große Sätze und würde sie am liebsten gleich überspringen. Letztlich ist das gleich-gültig. Wichtig ist nur, dass der erste Schritt gemacht ist und der Betreffende nicht mehr zum Stillstand kommt. Denn auch hier gilt: Der Weg ist das Ziel! Wer sich so auf den Weg gemacht hat, erlebt direkt die Nähe seines Geistes und seiner Gaben in Form von Licht und Energien. Das heißt, die heilerischen Möglichkeiten sind unmittelbar nach dem von mir gegebenen Initiationsimpuls vorhanden und deshalb auch sofort abrufbar. Schwieriger ist es für viele, die neu initiiert wurden, ihrer Intuition und damit ihrer inneren Stimme Raum zu geben, denn dem stehen oft Unsicherheit, Ängste und Zweifel im Wege. Aber auch dieser Schritt ist meistens bald getan, und so erlebt der neue Heiler, wie hilfreich ein allwissender Freund sein kann, wenn man bereit ist, sich auf seine Ratschläge und seine Botschaften einzulassen. Mit fortschreitender Inbesitznahme des eigenen Allerheiligsten folgen dann andere Befähigungen, über deren Art und Wesen ich aber an dieser Stelle schweigen will, um nicht falsche Begehrlichkeiten zu wecken. Wer sich angerührt fühlt und Interesse an der Ausbildung und Initiation hat, kann der Einladung im Anhang folgen. Aber auch hier gelten die mahnenden Worte Gottes, die auch und in besonderem Maße Leitspruch eines künftigen Heilers sein müssen: „Liebet mich über alles und euren Nächsten wie euch selbst".

Ausklang

An Hand vieler Beispiele habe ich in diesem Buch versucht, deutlich zu machen, welchen Stellenwert das Licht für uns und unsere seelische und körperliche Gesundheit hat. Sei es das Sonnen-, das Astral- oder das Geistlicht. Auf allen Ebenen ist es der Träger des Lebens, und sein Vorhandensein und seine Fülle in uns sagen alles über unsere Bewusstheit aus.

Auch wenn wir es normalerweise nicht mit unseren leiblichen Augen sehen können, existiert ein Licht, das im Zusammenhang mit unserer seelischen Verfassung steht und einer inneren Erfahrung entspricht. Bereits die Weisheit unserer Sprache deutet an, dass es diese Lichterfahrungen gibt, die an Erkenntnis und eine innere Einstellung von Offenheit gekoppelt sind. „Das leuchtet mir ein", sagen wir, wenn wir etwas verstehen und annehmen können. Wenn wir „einen Sachverhalt durchleuchten", „Licht ins Dunkel einer Angelegenheit" bringen, dann bemühen wir uns, die wahre Natur einer Sache in Erfahrung zu bringen. Wir benötigen also das innere seelische „Licht der Erkenntnis", um richtig von falsch unterscheiden zu können.

Die Anwesenheit von seelischem Licht erleben wir immer positiv. Dann ist es hell in uns. Fehlt es uns, dann ist es finster in uns, und wir fühlen uns hilflos und allein gelassen. „Jemand hinters Licht zu führen" meint deshalb, den Betreffenden zu täuschen und zu betrügen, ihn im Dunkeln zu lassen. Und so hoffe ich, am Ende dieses kleinen sprachlichen Exkurses, dass Ihnen, lieber Leser, nun „ein Licht aufgegangen“ ist und ihnen mein Buch dabei hilft, zukünftig „ihr Licht nicht mehr unter den Scheffel stellen“ zu müssen.

Diese humorvollen Beispiele aus unserer Sprache beleuchten das seelische Erfahrungsfeld des Lichts. Die Bedeutung des inneren Lichts geht aber viel weiter. Im christlichen Glauben bezeichnet das Licht auch die Heilssphäre, in der sich die an Christus Glaubenden befinden. Im Alten Testament wird es, von der Sonne unabhängig, als eigene Substanz aufgefasst. Deshalb beschreibt der biblische Segensspruch: „Der Herr lasse sein Angesicht leuchten über dir“ auch das Wesen des Lichtreichs und die dort ständig erfahrbare Präsenz des Göttlichen in Gestalt des Lichts. Das Offenbarungsgeschehen in der Bibel wird als Kampf des Lichts mit der Finsternis beschrieben, und so will ich mit der frohen Botschaft am Ende der Johannes-Offenbarung schließen, die uns allen eine bessere Zukunft im Licht verspricht:

„Sie werden sein Angesicht schauen, und sein Name ist auf ihre Stirn geschrieben. Es wird keine Nacht mehr geben, und sie brauchen weder das Licht einer Lampe noch das Licht der Sonne. Denn der Herr, ihr Gott, wird über ihnen leuchten, und sie werden herrschen in alle Ewigkeit.“ (Off. 22, 4-5)

Einladung zur Ausbildung als Geistheiler

Seit 15 Jahren initiiere ich weltweit Menschen, die den Wunsch in sich verspüren, ihren Mitmenschen auf diese spirituelle Weise zu dienen.

Initiation ist das lateinische Wort für Einweihung und bedeutet den rituellen Eintritt in ein neues und entscheidendes Lebensstadium. In vergangenen Jahrtausenden verstand man darunter eine symbolische oder religiöse Handlung bei der Einführung eines neuen Mitglieds in eine geheime Gesellschaft oder einen Mysterienkult. Im Verborgenen - meistens in speziellen Räumen von Tempeln und Pyramiden - geschah das, was in der heutigen Zeit offen, ohne falschen Mystizismus und ohne zwingende Anbindung an eine Gemeinschaft vermittelt und übertragen werden kann. Als Initiator sehe ich mich selbst dabei nur als Türöffner, der dem Kandidaten das Tor zu seinem Höheren Selbst und seinen Möglichkeiten öffnet, und nicht als Magier, der dem Schüler seine Kräfte überträgt oder ihn lehrt, sich fremde Geister untertan zu machen.

Entsprechend der menschlichen Trinität von Körper, Seele und Geist erfahren wir Einweihung auch in allen drei Seinsbereichen. Die Naturwissenschaften führen uns in die Geheimnisse der Materie und damit unseres Körpers ein. Seit der Mensch beginnt, sich bewusst zu werden, nutzt er magisches Wissen und seine Techniken, um seine seelischen Räume und Fähigkeiten zu erforschen und zu erproben. Aber nur wenigen Eingeweihten war es vor Erscheinen des großen Weltenlehrers Jesus Christus vergönnt, in Kontakt mit dem Höheren Selbst, dem göttlichen Geist in jedem Menschen, zu treten. Eine spirituelle Initiation, die ihren Namen zu Recht trägt, lenkt das Bewusstsein des Kandidaten nur auf den

All-Einen, öffnet das vorher verschlossene Tor zum Höheren Selbst und schafft eine Verbindung zwischen der Ebene der Materie und der Sphäre des Geistlichts, das nicht zu verwechseln ist mit dem Astrallicht, das heute viele Eingeweihte käuflicher magischer Systeme erleben und fälschlicherweise für das Geistlicht halten.

Initiiert bzw. eingeweiht werden soll der Kandidat in das viele Jahrhunderte lang geheim gehaltene Wissen über die Trinität des Menschen, das Wechselspiel von Geist, Seele und Körper und die einzelnen Schritte, die sein Bewusstsein machen muss, um den Weg zurück in die Einheit mit Gott gehen zu können. Meditation, Kontemplation und Gebet sind Hilfen auf diesem Weg. Esoterisches und insbesondere spirituelles Wissen sind Fackeln, die uns auf diesem manchmal dunklen und oft als steil und mühsam empfundenen Weg der Entwicklung leuchten. Unsere Aura und unser Chakra-System offenbaren dann unseren Entwicklungsstand; und so wird dem Schüler im Rahmen des Initiationskurses neben den zentralen Teilen der esoterischen Philosophie auch ein theoretisches Konzept mit der entsprechenden praktischen Anleitung zur Behandlung der Chakras und der Aura vermittelt.

Am Ende der Ausbildung setze ich bei dem Initianden vor der Behandlung seines ersten Patienten einen bestimmten rituellen Lichtimpuls, der das bisher verschlossene Tor zwischen seiner Seele und seinem Höheren Selbst öffnet und im gleichen Augenblick die geistigen Lichtfrequenzen bis hinunter in seinen physischen Körper strömen lässt. Ab diesem Moment fließt durch die Hände des neuen Heilers das Licht seines Höheren Selbst und bringt wieder die göttliche Ordnung und damit Harmonie und Heilung in die Seele dessen, dem er seine Hände in Liebe und Demut auflegt. Der physische Körper des Hilfe Suchenden, der ja durch seine Erkrankung nur den vorausgehenden krankhaften Zustand der Seele spiegelt, zieht dann nach und gesundet wieder. So betrachtet, heilt sich jeder selbst, wenn er - ob allein oder mit Hilfe eines

Heilers, eines geistigen Lehrers oder eines medizinischen Behandlers - seine seelische Einstellung ändert und die Hilfen, die ihm gegeben werden, nutzt. Der Arzt, der Heiler, der geistige Lehrer - sie alle geben immer nur Hilfe zur Selbsthilfe. Die Heilung ist dabei normalerweise ein Indiz dafür, dass auf seelischer Ebene eine Wandlung oder zumindest eine Verhaltensänderung des Kranken eingetreten ist.

Im Rahmen des Initiations-Kurses wird das Wesen des Lichts aller drei Ebenen erläutert und Grundkenntnisse der Nutzung von Farbschwingungen bei der Heilung von Körper und Seele vermittelt. Darüber hinaus lehre ich meine Schüler, wie und wann Fernheilung durchgeführt und eingesetzt werden sollte, und wie sie sich und Dritte mittels spiritueller Techniken gegen astrale bzw. magische Beeinflussungsversuche und Attacken wehren können. In Vertiefungskursen wird das Wissen erweitert, aber die grundsätzliche Ausübung ist mit dem Initiations-Kurs gewährleistet, so daß der Schüler auch alle weiteren Schritte alleine unternehmen kann.

Jeder Magier, jeder spirituelle Lehrer hat die Pflicht, die Reife und die Motivation des Schülers zu prüfen, bevor er ihm durch Initiation Möglichkeiten eröffnet, die diesen in einen höheren Grad der Verantwortung treten lassen. Tut der Lehrer dies nicht, wie bei den meisten heute gegen Geld angepriesenen Initiationen, so trägt er eine karmische Mitverantwortung an allem, was der Schüler auf Grund des bewussten wie unbewussten Missbrauchs seiner Fähigkeiten nach dem Gesetz von Ursache und Wirkung zu erwarten hat. Daher führe ich mit jedem der Kandidaten ein dreistündiges kostenpflichtiges Gespräch (mein Stundenhonorar beläuft sich auf DM 120,-/ ab 1.1.2002 65 Euro), in dem ich vor der Zulassung die Eignung des Betreffenden, d.h. seine Einstellung sowie seine seelische und körperliche Gesundheit, überprüfe. Der Initiationskurs selbst, der von Freitagnachmittag bis Sonntagabend dauert, ist kostenfrei. Es wird lediglich ein kleiner Obulus von

30,- DM(15 Euro) pro Person für die ausführlichen schriftlichen Unterlagen (niemand muss mitschreiben, und jeder kann sich deshalb ganz auf die Erklärungen und Demonstrationen konzentrieren) und für die Getränke erwartet. Das Prüfungsgespräch und die Initiations-Kurse finden in Siersburg/Saar statt. Normalerweise ist die Teilnehmerzahl bei den Initiations-Kursen, die bei Bedarf einmal pro Monat stattfinden, auf 10 Personen begrenzt.

Wer also von dieser Ausbildungseinladung Gebrauch machen oder mich als Geistheiler konsultieren will, der kann dies schriftlich unter folgender Andresse tun:

AXEL PHILIPPI
St. Martin Str. 6 • D-66780 Siersburg
Fax: 06835 1424
(bitte nur in dringenden Fällen telefonisch)
e-mail: axel.w.philippi@t-online.de